은퇴의 말

남자가 은퇴할 때 후회하는 25가지

싱긋

Bravo! Your Life!

일러두기

• 이 책은 『남자가, 은퇴할 때 후회하는 스물다섯 가지』(아템포, 2014)를 개정한 것이다.

프롤로그

남자가 은퇴할 때……

이 책의 집필 제안을 받았을 때, 처음에는 많이 망설였다. 이미 은퇴한 사람들을 위한 글쓰기만으로도 바빴지만, 무엇보다 큰 이유는 이 책의 주요 독자층이 될 3, 40대가 과연 은퇴라는 '무거운' 주제를 다룬 책을 좋아할까 하는 의문이 들었기 때문이다.

그럼에도 이 책을 쓰게 된 이유는 지난 10여 년에 걸쳐 연구를 진행하면서 만났던 은퇴자들 때문이다. 우선, 가장 먼저 떠오른 건 은퇴자들이 들려주었던, 때로는 고통스럽고 때로는 슬펐던, '은퇴 순간의 진실'을 그냥 이대로 묻어둘 수 없다는 일종의 '부채 의식'이었다. 그들에게 진 빚을 갚는 길은 누군가에게, 지금 한창 현역으로 뛰고 있는 인생의 후배들에게 생생한 삶의 현실, 혹은 진실을 전해주는 것이라고 생각했다.

사실, '후회'는 1000명에 달하는 은퇴자를 조사하는 과정에서 가장 많이 떠올랐던 단어 중 하나였다. '후회'라는 단어를 직접적으로 거론했든 아니든 간에, '지금 알고 있는 걸 그때는 왜 몰랐을까?'라는 물음 속에, 혹은 '지금 이런 생각이 들 줄 진작 알았더라면……' 같은 진한 여운 섞인 말들 속에는 항상 '후회'가 가슴 깊이 자리잡고 있었으니까.

그래서 은퇴가 남의 일 같지 않을 지금 40대인 2차 베이비붐 세대(1966~1974년생)는 물론, 30대 후반의 사람들에게도 큰형님뻘 되는 베이비붐 세대의 다양한 이야기를 들려줄 필요가 있겠다고 생각했다.

또하나, '은퇴남'(지난 10여 년간 은퇴자 연구를 위해 만났던 연구 대상자의 90퍼센트 이상이 남자였다!)들에 대해 느꼈던 동시대 여자로서의 '부채감'도 큰 몫을 차지했다. 특히 1980년대에 불어닥친 페미니즘의 강한 세례를 받았던 나로서는 은퇴남들의 축 처진 어깨를 보면서 지난 세월의 변화를 선명하게 느낄 수 있었다. 불과 얼마 전까지만 해도 "아, 이 땅에서 여자로서 살아간다는 건 얼마나 불리한 일인가!" 하며 분통을 터트리곤 했는데, 세월이 지나고 보니, 남자들 또한 '위너winner'가 아니라는 게 분명히 드러났던 것이다.

겉으로는 그리도 잘나가는 것처럼 보이던 그들이 은퇴 앞에서 너무나 쉽게 무너지는 모습, 아마 죽을 때까지 놓지 못할 가족에 대한 과도한 책임감, 빠르게 변화하는 세상에 적응하지 못한 채 취약한 존재로 전락해버린 모습들이 내게는 유난히 안타깝게 다가왔다. 대한민국 사회에서 중년남자로, 가장으로 살아간다는 것의 '엄중함'과 '아픔'도 절실히 느낄 수 있었다. 물론 그 책임의 반은 남자들 자신에게 있었지만…….

해서, 한때 여자들에게 누누이 강조했던 이야기를 이제는 이 땅의 남자들, 특히 아직 현역으로 열심히 뛰고 있는 3, 40대 남자들에게도 들려주어야 한다고 생각했다. 당신 자신을 소중히 여기고 사랑하라, 가족에 대한 과도한 책임감에서 벗어나라, 경제적으로뿐 아니라 심리적으로도 독립적이어야 한다, 즐겁고 재미있게 사는 일에 죄의식을 가지지 말라 등등의 이야기를 말이다.

100세 시대! 그리고 은퇴!

가수 이적의 최근 음반에는 이런 가사가 나온다.

"어릴 때는 삶이 아주 길 것 같았지 (…) 이젠 두려울 만큼 짧다는 걸 알아."

이 노래를 들으면서 그 재기발랄하던 이적도 어느새 마흔 줄에 접어들면서 드디어 쓸쓸함을 알기 시작했구나, 생각했다. 일종의 동류의식이랄까, 나이는 사람을 평등하게 한다는 사실에 엉뚱한 위안마저 느끼면서.

그렇지만, 말은 똑바로 해야겠다. '삶이 두려울 만큼 짧다'는 가사는 명백히 틀렸다. 혹시 젊음이라면 모를까, 삶은 두려울 만큼 '길어지고' 있으니까.

그렇다. 문제는 삶이 자꾸만 길어지고 있다는 사실이다. 불과 20여 년 전까지만 해도 평균수명이 60여 년에 지나지 않았는데, 어느새 100세 시대가 눈앞에 와 있고, 호모 헌드레드Homo Hundred라는 말까지 등장했다. 인류 역사상 인간이 이렇게 오래 살아본 적이 없으니, 기후 변화와 더불어 인간 수명의 연장이야말로 우리 미래를 좌우할 거대한 물결이 아닐 수 없다.

100세 시대는 은퇴의 지형도 크게 변화시킬 전망이다. 평균수명이 6, 70년이었던 때만 해도 은퇴란 그리 두려운 단어가 아니었다. 예순까지 사는 것만 해도 감사한 일이었고, 기력이 너무 쇠하기 전, 적당한 시간에 일을 그만두는 건 당연히 필요한 수순이었으니까. 자식들이 보내주는 효도여행 한두 번 다녀오고, 잠깐 앓다 죽던 시대에는 은퇴란 어찌 보면 '팔자 좋은' 사람만이 누리는 호사였을지도 모른다. 개인적·사회적 의무를 다했으니 이제 마음껏 쉬어도 좋다는.

100세 시대는 그렇지 않다. 100세 시대에서의 은퇴라는 단어는 그 의미가 사뭇 다르다. '월급 없이 수십 년을 살아야 하는 것'으로 받아들이는 사람이 많은 것도 무리가 아니리라. 그러다보니 항간에는 은퇴 후부터 죽을 때까지 수십 억 원이 필요하다는 식의 재무적 관점의 계산과 공포심, 대책에 대한 논의가 넘쳐나는 것이다.

하지만 정말 돈만이 문제일까? 수많은 은퇴자를 만나본 나는 자신 있게 말할 수 있다. 돈이 전부는 아니라고. 오히려 돈 때문에, 가족 부양에 대한 책임 때문에 포기할 수밖에 없었던 것들이 바로 돈만큼이나 비중 있는 당신의 후회 목록이라고. 그래서 돈도 중요하지만, 삶 전체를 어떻게 행복하게 이끌 것인가에 대한 계획이 더 절실히 필요한 것이다. 돈에만 초점을 맞추는 은퇴 설계는 당신을 돈의 논리에 갇히게 함으로써 돈보다 훨씬 더, 아니 백번 양보해서 돈만큼이나 중요한 삶의 다양한 측면을 놓치게 할 테니까(돈은 그 비중이 작지는 않지만, 그럼에도 수많은 후회 목록 중 하나일 뿐이라는 사실을 꼭 기억했으면 하는 바람이다).

그렇다면 은퇴할 때 고통스러운 후회를 하지 않기 위해 우리는 무엇을 해야 할까?

이 물음에 대답하기 위해서는 이미 은퇴한 사람들이 무엇을 후회하는지 알아볼 필요가 있다. 나는 지난 2001년에 한국연구재단으로부터 연구비 지원을 받은 이래 10여 년에 걸쳐 1000명에 달하는 은퇴자를 조사한 바 있다. 특히 이 책을 쓰기 위해서 2010년부터 실시했던 베이비붐 세대 은퇴자 300여 명의 심층면접 결과에 대한 내용 분석contents analysis과 함께 10여 명에 대한 추가 인터뷰를 실시했고, 이를 통해 스물다섯 가지의 후회 목록을 추려냈다.

후회하라, 그리고 나아가라!

이 책을 마무리하면서 문득 수년 전에 보았던 〈빛의 화가 모네展〉이 떠올랐다. 모네는 평생 수련만 그린 줄 알았을 만큼 화가에 대한 지식이 없었던 내게 그 전시회는 '인상주의 대가'로서의 모네보다는 '인간 모네'의 삶의 궤적을 생생하게 보여주었다.

특히 지금까지도 기억에 남는 건 젊었을 때 파리를 중심으로 활동하면서 그림을 그리던 모네가 59세부터는 노르망디 지방 지베르니에 있는 자신의 집 연못의 수련만 그리기 시작했고, 86세로 생을 마감할 때까지 200여 점의 수련 연작을 남겼다는 사실이다.

모네도 과거를 후회했을까? 그랬을 것 같다. 모르긴 몰라도 아마 이런 식이 아니었을까.

"아, 우리 집 연못에 있는 수련이 이렇게 아름다운 줄 진작 알았더라면, 그랬다면 쓸데없이 여기저기 떠돌아다니며 방황하지 않았을 텐데……. 젊었을 때 사람들의 평가에 연연하지 않고 그림 자체에 더 전념했더라면 좋았을 걸……. 그때 눈을 너무 혹사하지 않았더라면 빛에 따라 변하는 저 색깔들을 더 잘 표현할 수 있었을 텐데……."

모네의 후회 목록도 만만치 않았을 거라는 느낌이 든다. 하지만 모네가 과거를 후회했다고 해서 그의 위대함이 줄어드는 건 아니다. 과거의 삶과 그림들, 과거의 방황과 실패가 있었기에 말년의 수련 그림도 있는 것이 아닐까. 말하자면 일견 소박해 보이는 그의 수련 그림

속에는 가난하고 고달팠던 젊은 날들, 아웃사이더로서의 패배와 좌절의 얼룩진 흔적이 남아 있는 것이다.

내가 만났던 은퇴자들도 마찬가지다. 이들의 후회 목록도 공짜로 주어진 게 아니다. 열심히 살았기에 후회도 하는 것이다. 오랜 여정 끝에 수련 앞에 선 모네처럼, 이들도 한 발 한 발 계속 나아갈 것임을 믿어 의심치 않는다.

결국 우리가 해야 할 일은 후회하지 않기 위해 열심히 살기를 포기하거나 노력을 멈추는 것이 아니라 우리 인간이 언제나 후회하는 존재라는 걸 인정하고, 꿋꿋하게 앞으로 나아가는 것이다. 단, 중요한 일에는 후회를 덜 할 수 있도록, 그리고 매우 중요하고 소중한 일은 절대 후회하지 않도록 끊임없이 노력할 뿐이다.

이 책을 읽을 3, 40대에게도 말하고 싶다. 후회를 두려워하지 말고, 순간순간 최선을 다하라고. 당신들의 세대가 우리 시대에 던졌던 그 자유와 열정을 기억하면서, 비록 아직 드러나지는 않았지만 당신 세대만이 보여줄 수 있는 또다른 미래가 분명 있을 거라는 믿음을 가지고 앞으로 나아가기를 진심으로 바란다.

이 책이 후회하지 않는 삶에 대한 매뉴얼 식의 길라잡이보다는 맘껏 후회해도 다시 일어날 수 있는, 또다시 그 자리에서 시작할 수 있는 작은 발판이 되기를, 더 나은 삶을 향한 조그만 시작의 실험이 될 수 있기를 기대한다.

차례

3부.
나와 가족의 간격이 이렇게 넓었다니

4부.
내 남은 인생이 아직도 50년이다

1부

정말 일밖에 몰랐구나

첫번째 후회 악기 하나쯤 연주할 수 있었더라면

두번째 후회 인생의 한창때 나만의 시간을 가졌더라면

세번째 후회 노는 만큼 성공한다고 하더니

네번째 후회 동료와 후배들에게 좀더 친절했더라면

다섯번째 후회 내 일을 정말 좋아했더라면

여섯번째 후회 아무 데나 최선을 다하지 않았더라면

첫번째 후회

악기 하나쯤 연주할 수 있었더라면

"다시 태어난다면, 아니 다시 젊은 시절로 돌아간다면,
먼 훗날을 위해 오늘을 희생 제물처럼 바치는
그런 생활은 다시는 하지 않을 겁니다."

나 자신에게 작은 사치를 선물했더라면

"돌이켜보니까, 나 자신한테 너무 가혹했어요. 나 자신을 위한 사치가 꼭 필요했는데……."

A씨(57세)의 말을 듣고, '사치'라는 단어가 가슴에 와닿았다.

"사치……, 라고요?"

A씨가 대답했다.

"예. 어렸을 때 하도 가난하게 자라서 그런지 모르지만, 사치는 다 나쁜 건 줄로만 생각하며 살았거든요. 개미처럼 항상 뭔가 열심히 일하고 돈을 벌어야 한다는 강박관념도 너무 컸고요."

"그렇죠. 게다가 사치를 하려면 돈이 필요하다고 생각들 하지요."

내 말에 A씨가 대답했다.

"그랬죠. 그런데 은퇴하고 보니까, 작지만 확실한 사치를 누렸던 사람들이 하나둘 눈에 띄더군요. 특히 악기 하나쯤 연주할 수 있는 사람이 제일 부러워요."

나는 그제야 A씨가 말하는 '사치'의 뜻을 이해할 수 있었다. 그가 말하는 사치란 악기 하나쯤 연주할 수 있다거나 자신만의 취미활동을 할 수 있는 그런 여유를 의미한다는 걸.

A씨는 계속 말을 이어갔다.

"지금 생각해보니까 돈 때문에 뭘 못한다는 건 변명에 지나지 않았어요. 내가 아무 취미도 갖지 못한 건 돈보다는 마음이 움츠러들었기 때문이죠."

"아, 예……."

"내가 정말로 좋아하는 게 뭘까? 재미있는 게 뭘까? 진작 고민했어야 했는데…… 그럴 만한 마음의 여유가 없었어요."

A씨가 이런 생각을 하게 된 건 며칠 전에 갔다 온 친구 딸의 결혼식 때문이라고 했다. 10년 전 아내와 사별한 후에 혼자 남매를 키워온 A씨의 친구가 딸을 결혼시키는 자리였는데, 친구가 딸의 결혼을 축하하는 의미로 클라리넷을 연주했던 것이다. 결혼식장은 그야말로 감탄과 감동의 도가니가 되었다고 한다.

"친구들 모두 눈물을 흘렸어요. 그런데 그 눈물은 슬퍼서 나는 게 아니었어요. 사실 처음에는 걱정했죠. 상처喪妻한 후에 혼자 남매를 키워온 친구가 얼마나 힘들었을까, 그렇게 고생하며 키운 딸을 시집보내는 친구가 너무 초라하고 불쌍해 보이면 어떻게 하나. 그런데 그건 모두 기우였어요. 그날 클라리넷 연주를 하는 친구가 어찌나 당당하고 멋져 보이던지……. 슬픔이 아름다움으로 승화되는 느낌이랄까, 아무튼 그날 '나도 저렇게 멋있게 살고 싶다'는 생각이 절로 들더군요."

그날 결혼식에 참석한 하객들은 신부 아버지의 연주가 끝난 후에 기립박수를 쳤다고 한다. 결혼식 하객들이 일제히 일어나서 기립박수를 치는 그 모습도 가히 '예술'이었다. A씨는 그날 단단히 결심했다고 한다. 늦었지만 이제라도 나만의 취미를 가지고 열심히 연습하리라.

C
301 Tilburg
301 Tilburg
30 min
301 Tilburg via Waalwijk/Efteling
1606
7221
Bravo direct
7221
19-BFK-2

취미 있는 사람이 더 행복한 이유

헤어지면서 A씨가 말했다.

"거창하게 자원봉사까지는 하지 못하더라도 악기를 연주하면서

남도 즐겁게 해줄 수 있는 그런 삶을 살고 싶어요.

기타를 연습해서 우리 대학 다닐 때 유행했던

노래들을 연주해보려고요."

취미가 있는 사람은 그렇지 않은 사람에 비해 행복하다. 심리학자들이 분석한 결과에 의하면, 취미가 있는 사람들은 자신감과 성취동기가 높으며, 도전과 변화를 즐기는 성향이 강하다고 한다. 왜 그럴까?

그 이유에 대해 충남대학교 심리학과의 전우영 교수는 취미가 '행복의 포트폴리오 효과'를 불러오기 때문이라고 설명한다. 취미를 즐기는 사람은 행복감의 원천이 여러 개인 셈이다. 그래서 일에서만 행복을 느끼는 사람은 일이 잘되지 않으면 행복감을 잃지만, 취미를 즐기는 사람은 일 이외의 것에서도 행복감을 찾을 수 있는 것이다.

그뿐인가. 취미가 있는 사람은 남도 행복하게 한다. A씨의 친구는 딸은 물론 결혼식 하객 모두에게 행복감과 감동을 선물했다.

사실 우리 주변에는 A씨처럼, 내일의 성과를 위해 오늘의 즐거움을 희생하거나 미뤄두는 사람들이 많이 있다.

그날, A씨가 한 말은 그래서 오래오래 가슴에 남는다.

"다시 태어난다면, 아니 다시 젊은 시절로 돌아간다면, 먼 훗날을 위해 오늘을 희생 제물처럼 바치는 그런 생활은 다시는 하지 않을 겁니다."

그래서 우리 모두 이렇게 결심할 필요가 있다. 일상 속에 작은 사치 하나쯤 놓아둘 시간과 공간을 마련하리라. 나에게 위안을 주고 때로는 남도 행복하게 할 수 있는 사치 한두 개쯤 마음껏 누려야겠다. 사치스럽다며 옥죄는 내면의 죄의식 같은 건 모두 날려 보내리라.

두번째 후회

인생의 한창때 나만의 시간을 가졌더라면

"그때 하지 못했던 것들, 이제라도 마음껏 해보자, 나이가 뭐 그리 중요한가, 생각은 해보지만, 이제는 혼자 떠나야 할 이유 자체가 없어졌다고나 할까요? 바쁠 땐 그렇게 갖고 싶던 자유와 고독이었지만 이젠 천덕꾸러기처럼 지천에 널려 있으니까……."

"……."

"그때, 한창 바빴을 때 떠났다면 어땠을까, 후회만 하고 있는 내가 한심할 뿐이죠."

개콘의 한 장면 같은 휴가지의 젊은 아빠들

"한창 일하느라고 바빴던 마흔쯤에, 혼자서 긴 휴가를 떠나고 싶었는데……. 그러지 못한 게 가장 큰 아쉬움이네요."

아이 둘의 양육을 장모에게 맡겼던 K씨(56세)는 10여 년간이나 여름휴가도 장인, 장모와 함께 다녀야 했다. 평소에도 처가 식구와 함께 지내는 일이 피곤했던 K씨는 휴가 때만이라도 혼자만의 시간을 갖고 싶었다.

"하지만 차마 혼자 떠나고 싶다는 말을 꺼낼 수가 없었어요."

"그래도 한두 번쯤은 시도해볼 수 있지 않았을까요?"

내 질문에 K씨는 대답했다.

"이기적이라는 비난이 두려웠기 때문이죠. 남자들은 이기적이라는 말에 엄청 약하거든요."

결국 휴가 기간에 어디든 혼자 떠나서 혼자만의 시간을 보내고 싶다는 K씨의 소박한 소망은 은퇴할 때까지 단 한 번도 이루어지지 못했다. 아이들이 고등학생일 때까지는 아이들 위주의 가족여행을 했고, 아이들이 대학 간 후로는 주로 아내 친구 부부와 함께 다녔다.

K씨는 지난 여름휴가 기간에 강원도에 갔을 때, 거기 놀러온 3, 40대 젊은 아빠들을 보면서 '개그콘서트'의 한 장면을 보는 것 같았다고 했다.

"젊은 아빠들이 뙤약볕 아래서 잠시도 쉬지 않고 바쁘게 왔다갔다

하는 모습이 웃기기도 하고 안쓰럽기도 하고…… 개미 행렬을 보는 것 같기도 했어요. 핸드폰이 마치 무전기인 양 들고 다니는 모습도 어찌 그리들 똑같은지. 다른 아빠들 하는 건 나도 다 해야 한다며 서로 경쟁이라도 하는 것 같았다니까요."

과거의 자신을 보는 듯한 착각도 들었다고 한다.

"나도 그랬죠. 휴가 때만이라도 가족들한테 평소에 하지 못했던 것들을 모두 해줘야 한다고 생각했거든요. 거의 강박 수준이었죠. 그러다보니 어디 쉴 수가 있겠어요? 오죽하면 휴가 다 끝나고 사무실에 출근하면 '아, 여기가 천국이구나. 이제 좀 쉬어야겠다' 안도의 한숨이 절로 나왔다니까요……."

내가 물었다.

"만약 그때 혼자만의 휴가를 가졌더라면 뭐가 달라졌을까요?"

"그랬다면……, 뭣보다도 생각을 많이 했겠죠."

"무슨 생각을요?"

"지금 잘살고 있는 건지, 내가 행복한 건지, 뭐 그런 생각도 했을 테고, 무엇보다 일에 대해서 많이 생각해봤겠죠. 지금 하는 일이 나한테 잘 맞는지, 지금쯤 삶의 방향을 전환해야 하는 건 아닌지 등등……, 생각할 거야 많았죠."

"아 예, 그랬겠군요. 그런데 만약에 생각을 많이 했다면, 지금쯤 뭐가 달라졌을까요?"

K씨는 심각한 표정을 짓더니 대답했다.

"만약 그랬다면……, 지금과는 완전 다른 생활을 하고 있지 않을까요? 어쩌면 지금쯤 또다른 일에 한창 몰두하고 있을지도 모르죠. 설사 일이 아니더라도, 적어도 지금처럼 이렇게 삭막한 생활을 하고 있지는 않을 것 같아요."

K씨의 표정이 어두워졌다. 분위기도 바꿀 겸 내가 다시 질문했다.

"이제야말로 혼자 여행을 떠날 수도 있지 않나요?"

그가 대답했다.

"그러게 말입니다. 사실 지금은 마음만 먹으면 언제 어디라도 혼자 갈 수 있고, 여러 면으로 자유로워졌죠. 그런데……."

"그런데요?"

"그게 그렇지 않더라고요. 그때 하지 못했던 것들, 이제라도 마음껏 해보자, 나이가 뭐 그리 중요한가, 생각은 해보지만, 이제는 혼자 떠나야 할 이유 자체가 없어졌다고나 할까요? 바쁠 땐 그렇게 갖고 싶던 자유와 고독이었지만 이젠 천덕꾸러기처럼 지천에 널려 있으니까……."

"……."

"그때, 한창 바빴을 때 떠났다면 어땠을까, 후회만 하고 있는 내가 한심할 뿐이죠."

쉼이란 '창조적인 저축' 같은 것

그러고 보면 참 인생은 공평치 않은 것 같다.

절대적으로 '쉼'이 필요한 3, 40대에는 너무 바빠서 쉴 시간이 없고,

은퇴 후에는 쉴 시간이 너무 많아서 힘들다.

행복이란 바쁨과 쉼 사이, 그 중간 어디쯤에 있을 텐데 말이다.

K씨는 말했다.

"얼마 전에 신문에서 보니까 요즘 3, 40대 젊은 아빠들은

'나 홀로 캠핑'도 하고 그런다던데, 저는 그거 잘하는 거라고 봐요.
바쁜 때일수록 그런 시간을 통해 차분하게
자신을 돌아볼 필요가 있죠."

일리 있는 말이다. 한창 바쁠 때 혼자만의 시간을 가질 필요가 있다.
바쁠수록 아무것도 하지 않고 쉴 필요도 있다.
잘 쉬어야만 '미친 속도'에 끌려다니지 않고 본래의 지향을
잊지 않을 수 있으니까.

결국 쉰다는 건 다음에 꺼내 쓸 수 있는 '창조적인 저축' 같은 것, 사막의 샘물 같은 것이다.

인생의 가장 바쁜 때 혼자 떠나는 휴가를 기획해보자.

이 점에서 이웃 나라 일본이 정부 차원에서 논의한 바 있는 '근로 전성기의 장기 휴가' 제안은 신선한 충격을 주기에 충분하다. 이 제안은 후생노동성 장관이 2008년에 전문가 18명과 함께 발표한 '인생 85년 비전 간담회' 보고서에 포함된 것인데, 한마디로 직업 역할은 몸에 익는 한편 가정의 책임이 증가하고 체력이 약해지기 시작하는 40대에 6개월 내지 1년의 '긴 휴가'를 가질 수 있도록 국가와 민간이 함께 노력하자는 것이다.

놀랍지 않은가? 물론 일본에서도 '40대의 장기 휴가'라는 제안은 아직 말 그대로 '제안' 차원에 머물러 있을 뿐이다. 그래도 부러운 건 마찬가지다. 야간대학원 강의중에 이 얘기를 했을 때, 눈을 반짝이며 관심을 가지던 3, 40대들의 '피곤에 찌든' 얼굴을 잊을 수 없기 때문이다.

하지만 남의 나라 얘기를 부러워하고만 있기에는 3, 40대가 너무나 짧다. 그러니 바쁜 때일수록 혼자 휴가도 가고 혼자만의 시간을 가지려고 노력해보자. 바쁨과 쉼 사이 그 중간 어디쯤에 당신만의 행복 지점이 있을 것이다.

세번째 후회

노는 만큼 성공한다고 하더니

"더 힘든 건 내 꼴이 이게 뭔가, 하는 생각이 자꾸 들고 심리적으로 위축된다는 점이죠. 도대체 갈 데가 없어요. 집 근처 복지관에 나가서 칠십 넘은 어르신들과 바둑, 장기 두고 있는 나 자신의 모습이 너무 낯설고……. 며칠 전에는 사사건건 시비를 거는 어르신한테 대판 성질을 부리고는 문을 쾅 닫고 나와버렸어요."

노는 게 뭐 그리 힘든 일일까, 하고 생각하는 당신

"은퇴한 선배들이 '노는 게 힘들다'는 식의 말을 할 때마다 속으로 코웃음쳤죠. 돈이 없어서 걱정이지, 돈 있고 건강하다면 노는 게 무슨 걱정일까? 그런데 막상 내가 은퇴해보니까 장난이 아니네요. 잘 논다는 게 정말 힘든 일이더군요."

C씨(58세)처럼 말하는 사람이 한둘이 아니다. 내가 관찰한 바에 의하면, 우리나라 남자들 중에는 '힘들다, 힘들다' 하면서도 직장을 '놀이터'로, 직장 동료를 '놀이 친구'로 여기는 사람이 많은 것 같다. 오랜 관성의 법칙 때문일까?

C씨는 말했다.

"제가 얼마나 어리석었는지 들어보시겠어요? 은퇴하기 직전에 회사에서 6개월의 퇴직준비 휴가를 줬는데, 아, 글쎄, 그것마저 반납하고 근무했다니까요. 지금 생각하면 왜 그렇게까지 일과 직장에 올인했는지, 정말 모르겠어요."

"그렇군요. 그런데, 지금은 그렇게 일만 한 걸 후회한다는 말씀인가요?"

"예, 그래요. 정말 열심히 살았고, 후배들의 존경도 받았고, 이거 내 입으로 말하긴 좀 쑥스럽지만 능력, 카리스마 모두 좋았거든요. 그런데……."

“그런데요?”

“내가 그렇게 잘해줬는데 전화 한 통 하지 않는 부하 직원들에 대한 배신감 때문에 괴로워요.”

“아, 예…….”

“더 힘든 건 내 꼴이 이게 뭔가, 하는 생각이 자꾸 들고 심리적으로 위축된다는 점이죠. 도대체 갈 데가 없어요. 집 근처 복지관에 나가서 칠십 넘은 어르신들과 바둑, 장기 두고 있는 나 자신의 모습이 너무 낯설고……. 며칠 전에는 사사건건 시비를 거는 어르신한테 대판 성질을 부리고는 문을 쾅 닫고 나와버렸어요.”

“아, 그런 일도 있었군요.”

“생각하면 기가 막히는 일이죠. 예전에는 그렇게 잘나가던 나였는데 어르신들과 싸움이나 하는 처지가 되다니……. 하지만 너무 준비가 없었어요.”

“…….”

“과거 회사 다니던 시절에 대한 미련을 하루빨리 버려야 하는데 그러지 못하는 게 가장 큰 문제죠.”

C씨처럼 일과 직장, 직장 동료에 올인했던 사람들에게 은퇴란 흥미진진한 놀이터와 놀이 친구를 잃어버리는 우울한 사건이 아닐 수 없다.

물론 이해는 간다. 우리나라에는 직장과 집 사이에 즐길 만한 '제3의 공간'이 거의 없다. 대부분의 사람들이 직장과 집 사이만을 정신없이 오갈 뿐 그 사이 어딘가 놀이를 할 수 있는 공간에서 시간을 보내지 못하는 게 현실 아닌가. 또 나만의 놀이를 개발할 만한 시간도, 여유도 없는 것이 우리의 실정이다.

은퇴하면 실컷 여행이나 다니고 싶다고?

C씨가 물었다.

"흔히 은퇴하면 실컷 여행이나 다니고 싶다고들 하지요?"

그렇다. 누구나 여행을 꿈꾼다. 은퇴 후 바로 떠나는 여행! 환상적인 그림이 떠오르지 않는가? 일생 동안 해온 빡빡한 일로부터, 지긋지긋했던 시간의 제약으로부터, 부담스러운 남의 이목으로부터 해방되어 실컷 자유를 누리고 싶다는 마음, 충분히 이해가 간다.

이번에는 내가 물었다.

"은퇴한 후에 여행을 통해서 오랜 시간 억눌려온 자아를 되찾고 또 다른 에너지와 활기를 얻을 수만 있다면 좋은 일 아닌가요?"

C씨가 대답했다.

"물론이죠. 그런데, 그게 그렇게 간단하지 않더라고요."

"간단하지 않다면……?"

"생각보다 여행 한 번 다녀오기가 쉽지 않은데다가…… 아니, 그보다도 여행 한두 주일 다녀온다고 해서 내 생활이 바뀌는 것도 아니라서요. 아무튼 지금 제가 고민하는 문제는 여행으로 해결할 수 있는 그런 문제가 아닌 것 같아요."

그렇다. C씨의 말을 100퍼센트 이해할 수 있었다. 은퇴 후에 실컷 여행이나 다니고 싶다는 말은 '인생 6, 70년 시대'의 이야기다. 자식들이 보내주는 효도여행 한두 번 다녀오고, 얼마 안 있어 시름시름 앓다 곧바로 죽음을 맞게 되던 그런 시대 말이다.

100세 시대를 눈앞에 둔 지금, 은퇴 후에 수십 년간 실컷 여행이나 다닐 수 있는 사람이 과연 몇이나 될까?

물론 그런 사람이 전혀 없는 건 아니다. 은퇴한 후에 전 세계 145개국을 함께 여행한 이해욱, 김성심 씨 부부가 그 주인공이다. 실제로 이들 부부는 지난 2011년 하나HSBC생명에서 조사한 한국 직장인들이 꼽은 '이상적인 은퇴생활 롤 모델' 1위로 뽑히기도 했다(2위는 평생 현역배우 이순재씨).

하지만 이들 부부가 쓴『세계는 한 권의 책』에 나와 있는 여행 이야기를 읽어보면, 이들 부부의 여행은 '놀이'라기보다는 오히려 '일'에 가깝다는 것이 나의 솔직한 느낌이다. 이들 부부는 '전 세계 독립국가를 여행하겠다'는 젊었을 때부터의 꿈과 목표를 실현하기 위해 수십 년에 걸쳐서 준비했고, 은퇴 후 3개월 만에 유럽 배낭여행을 시작으로 목표를 향해 전진했던 것.

혹시 당신도 이런 여행을 원하는가?

내가 보기에 대부분의 사람들이 '실컷 여행이나 하고 싶다'고 말할 때의 여행이란, 빠르면 몇 주 혹은 아무리 길어도 몇 달 안에 끝나는 그런 여행일 것이다.

내게 맞는 맞춤형 놀이 세 개쯤 개발해놓았다면

프로이트는 행복의 조건으로 일과 사랑, 이 두 가지를 꼽았다. 하지만 은퇴 후 수십 년을 더 살아야 하는 시대에는 프로이트의 이것만으로는 충분치 않다. '놀이'도 포함되어야 한다.

은퇴 후에 후회하지 않으려면 나만의 놀이 세 개쯤은 미리미리 개발해놓아야 한다. 은퇴 후 행복을 책임져야 할 사람도 결국 나 자신이니까. 지금은 우선 일에 올인하고, 놀이는 나중에 여행이나 몇 번 다녀와서 천천히 생각해보겠다는 말은 하지 말라.

이동순의 〈아버님의 일기장〉이라는 시를 보면, 평생 일만 하느라 자신만의 놀이를 준비하지 못했던 우리 시대의 아버지, 아니 우리가 머지않아 맞게 될 미래의 쓸쓸한 모습이 떠오른다. 그래서 읽을 때마다 눈물이 난다.

아버님의 일기장

아버님 돌아가신 후
남기신 일기장 한 권을 들고 왔다
모년 모일 '終日 本家'
'종일 본가'란
하루 온종일 집에만 계셨다는 이야기다
이 '종일 본가'가
전체의 팔할이 훨씬 넘는 일기장을 뒤적이며
해 저문 저녁
침침한 눈으로 돋보기를 끼시고
그날도 어제처럼
'종일 본가'를 쓰셨을
아버님의 고독한 노년을 생각한다
나는 오늘
일부러 '종일 본가'를 해보며
일기장의 빈칸에 이런 글구를 채워넣던
아버님의 그 말할 수 없이 적적하시던 심정을
혼자 곰곰이 헤아려보는 것이다

- 이동순, 『가시연꽃』

네번째 후회

동료와 후배들에게 좀더 친절했더라면

"사실 전에는 '그깟 직원 하나쯤이야' 하며 나한테 악감정을 갖든 말든 관심도 없었죠. 평생 그렇게 살 줄 알았는데, 막상 그렇지가 않네요. 할 수만 있다면 이제라도 술 한잔하면서 '그때 정말 미안했다. 그때는 내가 뭘 몰랐다. 용서해다오'라고 말하고 싶은데……."

은퇴 후, 당신을 피하는 사람들이 많다면?

L씨(54세)는 얼마 전 광화문 사거리에서 우연히 예전 직장에서 함께 일했던 부하 직원과 마주쳤다. 자신이 차장이었을 때 대리로 일했던 김동수라는 직원이었다. L씨는 광화문 한복판에서 아는 사람, 그것도 예전의 부하 직원을 만났다는 사실이 너무 반가웠다.

"어이, 김 대리. 아니 김 과장, 오랜만이야!"

하지만 김동수는 못 들은 척하면서 그냥 지나쳐버렸다.

L씨는 당황스러웠다. '내가 잘못 봤나? 아니면 내 모습이 변했나?'라는 생각이 들었다. 하지만 L씨는 알 수 있었다. 김동수가 분명히 자신을 봤고, 자신이 부르는 소리도 들었지만 못 들은 척하고 가버렸다는 걸.

L씨는 오래된 기억을 더듬어봤다. 김동수는 자신에게 노상 야단맞던 직원 중 하나였다. 동료들 앞에서 자존심 상했던 적도 한두 번이 아니었을 터. 결국 그런 과거 때문에 자신을 일부러 피하는 것이 틀림없었다.

그는 혼자 중얼거렸다.

"자식, 은근히 뒤끝 있네. 그게 언제 적 일인데……."

그러다 L씨는 요즘 들어 이런 일이 자주 일어난다는 데까지 생각이 미쳤다. 김동수처럼 자신을 피하는 사람이 한둘이 아니었던 것이다. 얼마 전까지만 해도 그런 사람들을 보면, '저 사람 성격 한번 괴팍하네, 뭐 열등감 있나?' 하는 정도로 생각하고 무심코 지나쳤다. 그런데 은퇴하고 나서 마음도 약해진 걸까, 최근 들어 부쩍 자신에게 문제가 있었다는 생각이 드는 것이다.

L씨는 말했다.

"그날 이후로 반성을 많이 했어요."

"……."

"솔직히 내가 힘들었을 때, 스트레스가 심하고 상사한테 야단맞고 나서 회사를 때려치우고 싶었을 때, 그럴 때마다 힘없는 부하 직원들한테 다 퍼부어댔거든요."

"아, 그랬군요……. 그때 일이 많이 후회되시나 봐요?"

내 질문에 대해 L씨가 대답했다.

"그때 김 대리가 나한테 야단맞고 나서 사시나무 떨듯 하던 기억도 났어요. 그때는 저 친구가 나를 엄청 무서워하네 라고만 생각했는데 지금 생각해보니까 무서워한 게 아니라 증오심에 치를 떤 거였구나, 그러니 나를 모르는 척하는 게 당연하지 싶고……."

"……."

"사실 전에는 '그깟 직원 하나쯤이야' 하며 나한테 악감정을 갖든 말든 관심도 없었죠. 평생 그렇게 살 줄 알았는데, 막상 그렇지가 않네요. 할 수만 있다면 이제라도 술 한잔하면서

'그때 정말 미안했다. 그때는 내가 뭘 몰랐다. 용서해다오'라고 말하고 싶은데……."

사실은 나 자신의 문제였다는 걸 진작 알았더라면

L씨의 표정은 점점 더 심각해졌다.

"사실은 후회되는 게 한두 가지가 아니에요. 거래처 사람들, 매일 찾아와서 부탁하던 힘없는 사람들한테도……, 너무 권위적이고 야박하게 대했어요."

"거래처 사람들에게요?"

그는 부끄럽다는 듯이 대답했다.

"제가 외국계 항공회사에 다녔거든요. 그런데 얼마 전에 집사람이, 누구누구는 거래하던 여행사에서 모셔갔다는데, 당신도 그때 거래처 사람들한테 좀 잘했으면 지금쯤 오라는 데도 있지 않았겠나, 성질머리가 더러워서 오라는 데도 없다, 하며 잔소리하는 걸 들은 후부터 부쩍 그런 생각이 드네요."

L씨는 정말로 후회가 많은 듯했다.

"지금 생각해보면 윗사람한테만 잘했던 것 같아요. 잘못 보이면 클 수 없다고 생각했고, 또 워낙 고지식한 성격이라서 매사에 곧이곧대로 하다보니까 힘없는 사람들한테는 섭섭하게 대했죠. 그때는 그게

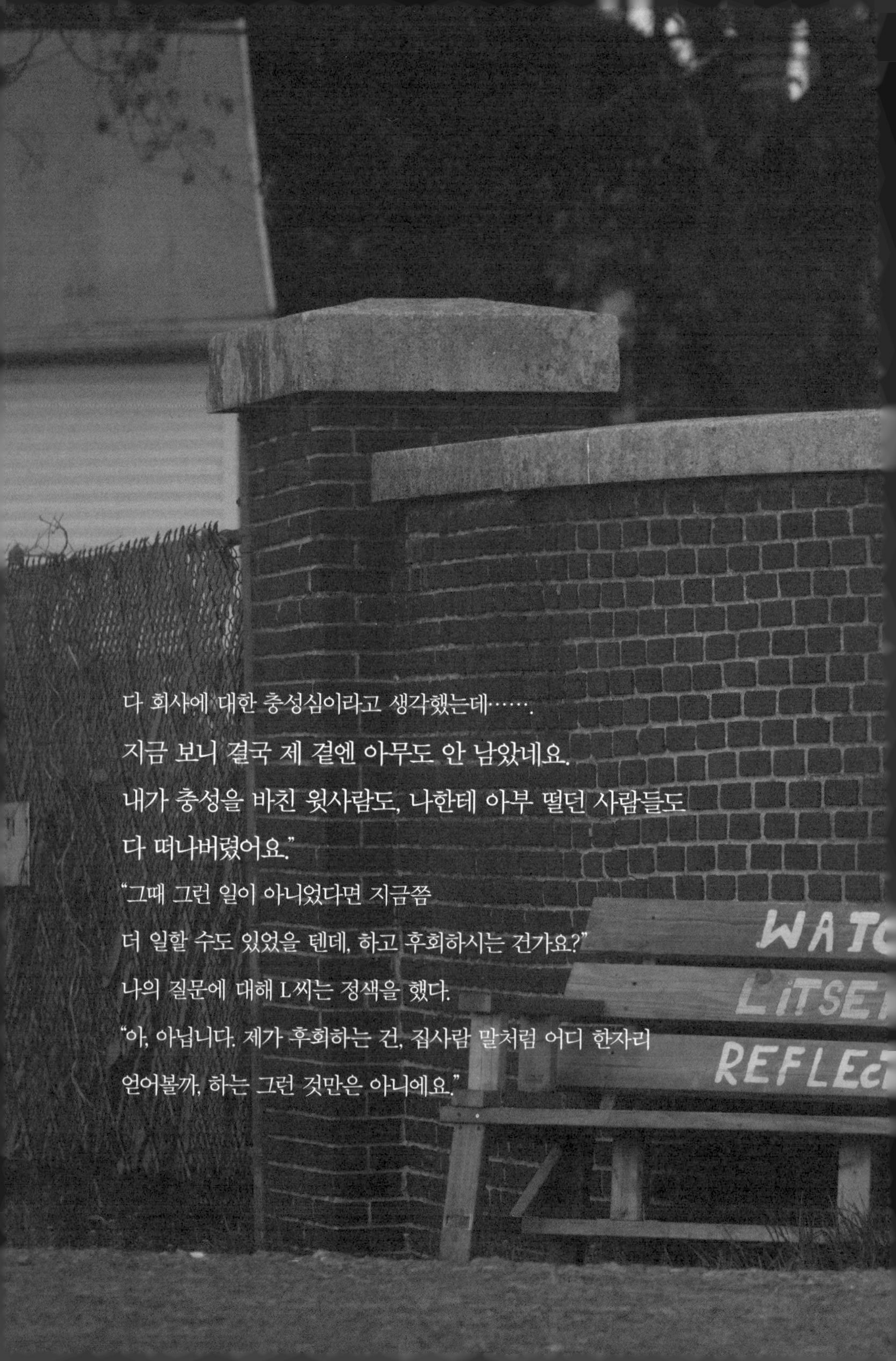

다 회사에 대한 충성심이라고 생각했는데…….

지금 보니 결국 제 곁엔 아무도 안 남았네요.
내가 충성을 바친 윗사람도, 나한테 아부 떨던 사람들도
다 떠나버렸어요."

"그때 그런 일이 아니었다면 지금쯤
더 일할 수도 있었을 텐데, 하고 후회하시는 건가요?"

나의 질문에 대해 L씨는 정색을 했다.

"아, 아닙니다. 제가 후회하는 건, 집사람 말처럼 어디 한자리
얻어볼까, 하는 그런 것만은 아니에요."

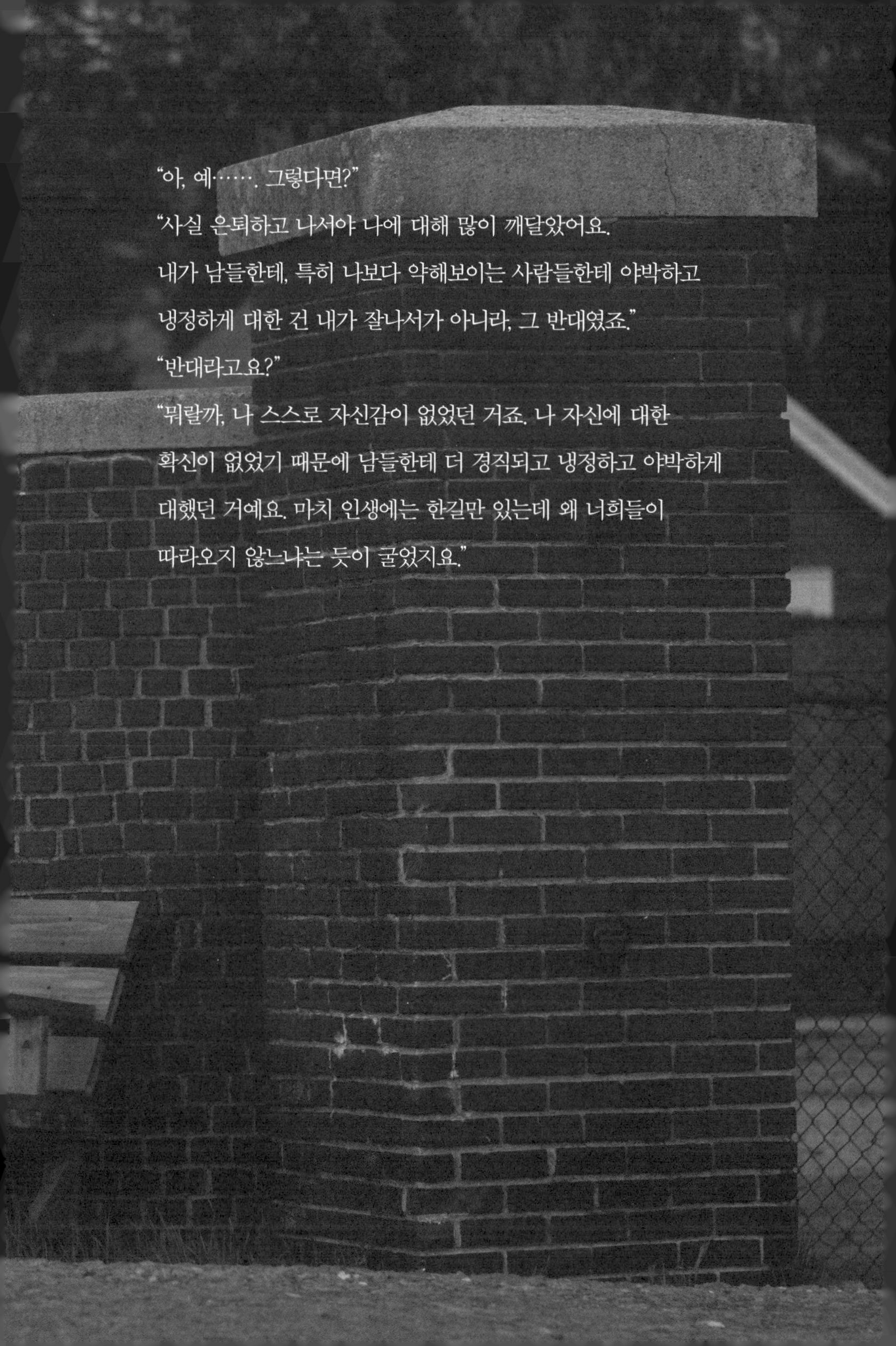

"아, 예……. 그렇다면?"

"사실 은퇴하고 나서야 나에 대해 많이 깨달았어요. 내가 남들한테, 특히 나보다 약해보이는 사람들한테 야박하고 냉정하게 대한 건 내가 잘나서가 아니라, 그 반대였죠."

"반대라고요?"

"뭐랄까, 나 스스로 자신감이 없었던 거죠. 나 자신에 대한 확신이 없었기 때문에 남들한테 더 경직되고 냉정하고 야박하게 대했던 거예요. 마치 인생에는 한길만 있는데 왜 너희들이 따라오지 않느냐는 듯이 굴었지요."

"……."

"만약 나 자신에게 자신감과 여유가 더 있었다면 훨씬 따뜻하게, 유연하게 대할 수 있었겠죠."

"아, 예. L씨는 은퇴한 후에 자신에 대해 많은 걸 알게 되셨네요."

"그런 셈인가요?"

L씨의 자기반성은 계속되었다. 마치 나와의 인터뷰를 계기로 오랫동안 미뤄둔 자기반성을 다 토해내겠다고 작정한 사람처럼.

"그때는, 한마디로 타인의 감정에 대한 감수성이 제로였어요. 그것도 다 나 자신에 대해 너무 뭘 몰랐기 때문이라고 봐요. 나 자신이 나약하고 결함투성이인 인간이라는 걸 진작 알았더라면……."

이쯤에서 L씨를 위로해야만 할 것 같았다. 그래서 내가 말했다.

"이제라도 그렇게 자신을 돌아보고 반성할 수 있다는 건 대단한 일이라고 생각해요. 이제는 다른 사람을 훨씬 잘 이해할 수 있을 테니까요."

"정말 그럴까요? 어쨌든 앞으로는 친절한 사람으로 살고 싶네요."

그러니까, 타인에게 친절하라

그날 집으로 돌아오면서 L씨의 마지막 말, '앞으로는 친절한 사람으로 살고 싶다'는 말을 떠올렸다. 참 좋은 말이다. 나도 그렇게 살고 싶다. 전에는 똑똑하고 잘난 사람이 그리도 좋아 보이더니, 요즘엔 친절하고 남을 돕는 마음을 가진 사람이 존경스럽다. '계산된 친절'만이 난무하는 세상에서 '조건 없는' 친절을 베푸는 사람들을 볼 때는 더욱 그렇다.

학생들도 그렇다. 비록 공부는 잘하지 못하지만 친절하고 남을 돕는 데 열심인 학생들을 보노라면, 내가 갖지 못한 보물을 가진 사람처럼 부럽게 느껴지고, 나야말로 이들로부터 배우는 사람이 아닌가 하는 느낌이 든다.

비록 공부 잘하는 걸 그리도 중요시하는 세상이지만, 이 세상은 분명 엘리트들에 의해서만 움직이는 건 아니다. 세상을 움직이는 또하나의 바퀴는 친절하고 따뜻한 마음을 가진 사람들에 의해 굴려지는 것이 아닐까?

플라톤은 우리에게 말하고 있다.

"타인에게 친절하라. 그대가 만나는 모든 사람은 지금 그들의 삶에서 아주 힘겨운 싸움을 하고 있기 때문에."

다섯번째 후회

내 일을
정말 좋아했더라면

“내 책상이 없어진다는 사실이 참 섭섭하네요.
손때 묻은 내 책상이 정말 그리울 것 같습니다.”

내가 정말 그들을 사랑했을까?

중학교 교사로 32년 일하고 정년퇴직을 코앞에 두고 있다는 E씨(59세)는 요즘 갑자기 여러 가지 아쉬움이 밀려온다고 말했다.

은퇴를 앞둔 사람들에게 가장 아쉬운 건, 뭐니뭐니해도 은퇴와 함께 월급을 더이상 받을 수 없다는 사실일 것이다. 하지만 E씨의 경우는 좀 달랐다. '뭐가 가장 아쉬운가?'라는 나의 질문에 대해 그는 대답했다.

"월급? 물론 아쉽죠. 하지만 교사로 32년 일하면 일반 회사원보다는 연금을 많이 받아요. 그 돈으로 알뜰하게 살아야겠죠."

한마디로 돈보다는 다른 게 아쉽다는 얘기였다. 생활비 때문에 고민이 많은 대다수의 은퇴자들에 비하면 행복한 경우가 아닐 수 없다.

그렇다면 아쉬운 건?

"내 책상이 없어진다는 사실이 참 섭섭하네요. 사실 요즘 교사들한테 책상이란 공부보다는 잡무를 처리하는 곳이죠. 그래서 책상 위에 쌓인 서류들을 보기만 해도 지긋지긋했는데 막상 떠난다고 생각하니까……. 손때 묻은 내 책상이 정말 그리울 것 같습니다."

E씨의 말은 이어졌다.

"그래서 요즘 자주 책상을 닦아주면서 말하죠. '너, 그동안 참 고생 많았다'라고요."

E씨의 말을 들으면서 나도 생각했다. 그래, 나도 이제부터라도 내 책상, 내 자리를 좀더 소중히 여겨야겠다고.

"그런데, 정말 더 아쉬운 건……."

E씨는 말했다.

"요즘, 갑자기 학생들이 눈에 밟히는 거예요."

"갑자기……, 라고요? 전에는 안 그랬다는 건가요?"

"솔직히 전에는 학생들이 원수 같았죠. 사실 요즘 '중2병'이라는 말이 있을 정도로 중학생들이 속을 썩이잖습니까?"

"그렇죠. 중2가 무서워서 북한이 남침하지 못한다는 우스갯소리도 있던데요."

"하하, 교수님도 잘 아시는군요. 아무튼 말 안 듣는 학생들 때문에 애들이 괴물처럼 느껴질 정도죠. 그런데…… 요즘 와서 애들이 자꾸 짠하게 보이고, 쟤네들도 정말 힘들겠구나 싶은 생각이 드는 거예요."

"그러시군요."

"사실 요즘 애들 진짜 고민 많아요. 어른들은 그 나이에 무슨 걱정이냐, 공부나 하라고 말하지만, 그거야말로 어른들이 뭘 모르는 거죠. 이혼하는 부모 밑에서 눈치 보면서 마음 고생하는 애들, 돈 때문에 마음 졸이는 애들이 정말 많아요. 더 안타까운 건 그 어린 것들이 고민을 마음속에 숨기고 아닌 척하며 지내는 거죠."

E씨의 말을 들으면서 초등학교 교사인 지인의 말이 생각났다. 학교에 와서 유난히 식구들 얘기를 많이 하고 행복한 척하는 아이들 중에 의외로 이혼이나 폭력 등의 문제를 가진 가정의 아이가 많다는, 가슴 아픈 얘기였다.

이번에는 내가 E씨에게 질문했다.

"그런데, 궁금한 게 있어요. 전에는 왜 학생들이 힘들어하는 게 보이지 않았을까요?"

E씨는 심각한 표정을 지으며 대답했다.

"그때는 몰랐는데요. 사실은……, 나 자신이 피해의식과 방어적인 태도를 가지고 있었어요. 내 딴엔 애들을 위한답시고 체벌도 많이 했는데, 그러다가 한 10년 전쯤에 체벌한 게 문제가 돼서 크게 혼이 난 후부터는 피해의식만 커졌죠. 그러다보니 나도 모르게 학생들을 피하게 되고……. 한마디로 학생들을 있는 그대로, 따뜻한 시선으로 볼 수 없었던 거죠."

"아, 그랬군요."

"그런데, 요즘 들어 자꾸 후회가 되네요. 내가 정말 그 애들을 이해하려고 했을까? 내가 정말 애들한테 애정을 주기나 했나? 그런 의문이 드는 거예요."

"아, 예……."

사실, E씨의 말이 남의 말 같지 않았다. 모두 나에게도 해당되는 것들이기 때문이다. 나도 요즘 많이 반성한다. 그동안 너무 내 기준에서만 학생들을 대하고 가르치려고 한 것에 대해서. 그들의 관점이 아니라 내 관점에서, 내가 보기에 더 나은 삶을 살아가라고 강요한 것에 대해서. 기계적인 이론만으로 포장한 채 그들이 헤쳐나가야 할 현실은 모르는 척했던 지난날들에 대해서 말이다.

생각에 잠겨 있는 나를 깨우듯, E씨는 말을 이어갔다.

"제가 가난한 집의 장남이거든요. 평생 부모님, 형제들 뒷바라지하느라 낑낑대고, 내 새끼들 먹여 살리느라 허덕였어요. 이렇게 교사직이 밥벌이 수단처럼 되고 보니까 '좋은 선생님이 되고 싶다'던 처음의 그 순수한 의욕은 다 사라지고, 가르치는 일이 점점 더 힘겨웠지요. 이 일을 그만두고 싶다는 생각을 수백 번도 더했을 거예요. 가장으로서의 책임감만 아니었다면 아마 벌써 그만뒀겠죠."

E씨의 표정은 점점 진지해졌다.

"그런데, 요즘, 저도 제 마음을 잘 모르겠어요. 이게 정년 때문인지, 아니면 나이 때문인지……, 아무튼 요즘 느닷없이 학생들이 짠해 보여서 내가 재들을 위해 뭐 도와줄 게 없을까, 하는 생각을 자주 하게 돼요. 그렇게 얄밉고 원수 같던 애들이 왜 이렇게 사랑스러운지 모르겠어요."

본인은 '왜 그런지 모르겠다'는 말을 대여섯 번도 더 넘게 했지만 내가 보기엔 너무나 명확했다. 그는 제자들을 사랑하고 있었다. 사랑하기 때문에 연민도 생기고 동정도 생기는 것이다.

다시 기회가 온다면, 내 일을 정말 사랑하고 싶다

E씨와 나는 인생이 참 모순으로 가득찼다고, 지금 이런 마음이 들 거라는 걸 진작 알았더라면 훨씬 다르게 일하지 않았을까, 그랬다면 얼마나 좋았을까, 하는 얘기를 한참 나눴다. E씨는 인터뷰가 끝날 무렵 이런 말을 했다.

"교수님과 얘기 나누면서 문득 이런 생각이 드네요. 교사가 부족한 섬 지역 같은 데 가서 아이들 가르치면서 말년을 보내는 것도 좋겠구나……."

그리고 덧붙였다.

"그런 곳에 가서 김용택 시인처럼, 아이들과 어울려 들판을 뛰어다니고, 글도 쓰게 하면서 감수성도 키워주는 그런 선생님이 될 수 있다면 좋겠다, 그런 생각이요. 요즘 애들 게임에 빠지는 거 다 이해가 가요. 얘기 들어주고 놀아줄 사람이 없으니까요."

나는 속으로 생각했다. E씨는 천생 교사라고.

다른 곳에 삶이 있다고 생각하면 내 일을 진정 좋아하기 힘들다.

하지만 내 인생이 지금 여기에 있다고 생각한다면 내 일 또한 진정 좋아할 수 있으리라.

집으로 돌아오는 길에 문득 『파우스트』의 유명한 한 구절이 떠올랐다.

"머물러라, 너는 정말 아름답구나."

여섯번째 후회

아무 데나 최선을 다하지 않았더라면

"더 중요한 건 나 자신에 대해 생각할 시간이 너무 없었다는 점이에요. 나한테 무엇이 최선인지 생각해보는 일 없이 그냥 무작정 앞만 보고 달려왔으니, 지금 멍할 수밖에요. 요즘 애들 말대로 '멍 때리며' 하루하루 보내고 있어요. 은퇴하면서부터 머릿속이 하얘진 것 같아요."

앞만 보고 달려왔다. 그래서 지금 멍하다

"후회요? 아무 데나 최선을 다한 점이죠."

'은퇴한 후에 가장 후회하는 일이 무엇인가?'라는 내 질문에 대한 P씨(57세)의 대답이었다. 처음에는 이해가 가지 않았다. 최선을 다한 걸 후회한다고? 하지만 얘기를 더 자세히 나눠보니 P씨의 말에는 '최선을 다했다'가 아니라 '아무 데나'에 방점이 찍혀 있었다.

"직장 다닐 때 술자리마다 빠지지 않고 참석했어요. 술 잘 마시고 의리 있고, '스킨십' 좋은 사람으로 통했죠. 잔소리하는 아내한텐 '술자리에서만 오가는 고급 정보를 놓치지 않으려면 그래야 한다'고 큰소리치곤 했어요. 그런데 지금 와서 보니 말짱 헛것이더군요."

나는 물었다.

"술자리의 정보가 생각처럼 많지 않았나보죠?"

P씨는 정색을 하고 말했다.

"아뇨. 정보야 넘치도록 많았죠. 그 정보란 게 주로 영양가 없는 것들이라 문제였지만요. 이번에 누가 물먹는다더라, 누가 누구와 불륜이라더라, 같은 것들이요. A플러스급 고급 정보는 술자리에 떠돌지 않는다는 걸 깨닫는 데 엄청 시간이 걸린 셈이죠."

좋은 지적이었다. 하지만 의문이 들었다. 술자리에 열심히 참석한 것과 은퇴 후에 후회하는 것과는 무슨 관계일까?

"은퇴하고 보니까
내 딴엔 열심히 한다고 한 것들이
한결같이 쓰잘데없는 것들이었어요.
성취감은커녕 아무 데나
최선을 다했다는 느낌을 준다는 거죠.
엉뚱한 데 시간과 노력을 들이느라
정작 소중한 걸 놓쳐버렸어요."

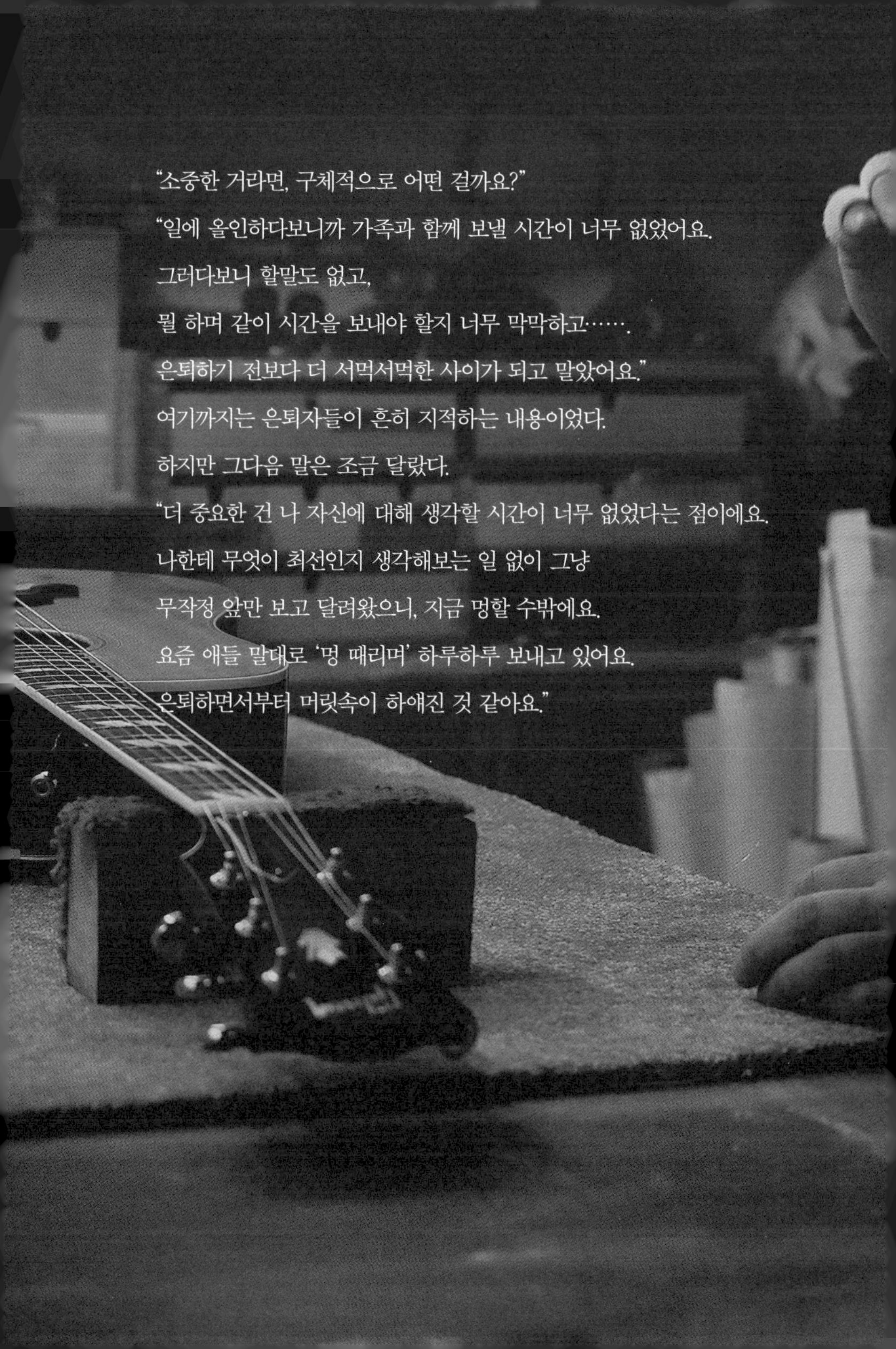

"소중한 거라면, 구체적으로 어떤 걸까요?"

"일에 올인하다보니까 가족과 함께 보낼 시간이 너무 없었어요.

그러다보니 할말도 없고,

뭘 하며 같이 시간을 보내야 할지 너무 막막하고…….

은퇴하기 전보다 더 서먹서먹한 사이가 되고 말았어요."

여기까지는 은퇴자들이 흔히 지적하는 내용이었다.

하지만 그다음 말은 조금 달랐다.

"더 중요한 건 나 자신에 대해 생각할 시간이 너무 없었다는 점이에요.

나한테 무엇이 최선인지 생각해보는 일 없이 그냥

무작정 앞만 보고 달려왔으니, 지금 멍할 수밖에요.

요즘 애들 말대로 '멍 때리며' 하루하루 보내고 있어요.

은퇴하면서부터 머릿속이 하얘진 것 같아요."

사실 P씨와 같은 베이비붐 세대의 사람들 중에 이런 사람들이 많이 있다. 어려서부터 '할 수 있다'는 구호에 맞춰 '매사'에 최선을 다해야 한다고 배우며 성장했기 때문일까? 이들은 하나같이 부지런하고 성실하고 최선을 다하면 좋은 일이 있을 거라고 믿으며 살아온 사람들이다.

더 자주 거절하고, 더 많이 버렸어야 했는데……

아무 데나 최선을 다하는 사람 중에는 남의 부탁을 받으면 거절하지 못하는 '착한' 사람이 많다. 또 버려야 할 것을 버리지 못하고 쌓아두는 유형의 사람도 많다.

P씨는 자신이 바로 두 가지 모두에 해당하는 사람이라고 말했다.

"일은 산더미처럼 쌓여 있고 시간은 빨리 흘러가는데, 내 일도 다 못하면서 누가 부탁하는 일이 있으면 그 일부터 해줬으니까요."

"'아니요'라는 말을 못했던 거군요?"

"뭐 그런 셈이죠."

"거절을 하지 못하는 건 성격 탓일까요? 아니면……, 다른 사람을 기쁘게 해주려는 의도 같은 건 없었을까요?"

P씨는 한참 생각하더니 대답했다.

"물론 다른 사람을 돕고 싶은 마음도 없었던 건 아니에요. '사람 좋다'는 소리 듣는 걸 좋아했으니까……. 하지만 내 딴엔 계산도 있었어요."

"계산이라면……?"

"남들이 일하는 만큼 하는 것으로는 충분치 않다. 남보다 더 나은 실적을 올리려면 하고 싶지 않은 일도 해야 한다, 라는 생각이었죠."

"말하자면, 실적에 대한 중압감이 컸다는 얘기군요."

그는 덧붙였다.

"그렇죠. 그런데 문제는, 그렇다고 실적이 올라간 것도 아니라는 점이죠. 일이 너무 과중하니까 실적이 오르기는커녕 벼랑으로 떨어지고 말았어요. 결국엔 다른 사람들도 실망시키고, 나 자신도 기진맥진 지쳐버린 거죠."

P씨는 결론을 맺듯 말했다.

"'아니요'라고 말하는 기술이 정말 중요하다는 걸 실감했어요. 다른 사람이 부탁하는 일은 물론이고, 내 일에 대해서도 그래요. 그 일을 할 만한 시간이나 실력이 부족할 때, 다른 사람한테 위임하는 기술도 필요하더군요."

P씨는 자신이 '버릴 줄 모르는 사람'이었다는 점을 설명하는 데에도 오랜 시간을 할애했다.

"이것도 성격 탓이겠지만, 모든 걸 끌어안고 있어야 마음이 편해지는 스타일이거든요. 나중에 혹시 필요해지면 어떡하지, 라는 생각 때문에 뭐 하나 버리지 못하고요."

사실 잘 버릴 줄 모르는 사람은 많이 있다. 나도 그런 편이다. 하지만 P씨의 얼굴은 사뭇 진지했다.

"얼마 전에, '가슴을 두근거리게 하지 않는 것'은 과감히 버려야 한다는 내용의 책을 읽었는데, 내 얘기를 하는 것 같아서 뜨끔했어요."

P씨는, 일본에서 100만 부 이상 팔렸다는 유명한 책 『인생이 빛나는 정리의 마법』 얘기를 하는 듯했다. 나는 점점 무거워지는 분위기도 돌릴 겸 농담처럼 말했다.

"아, 그 책 저도 잘 알아요. 그런데, 제 주변에는 '가슴을 두근거리게 하지 않는 물건을 버리려면 모든 걸 다 버려야 한다. 배우자를 포함해서'라고 말하는 사람이 많던데요."

하지만 P씨는 웃지 않았다.

"그 책에 보니까, 물건 정리를 잘하는 사람이 인생에서 무엇이 필요하고 무엇이 필요하지 않은지, 무엇을 하고 무엇을 그만둬야 하는지에 대해서도 잘 알게 된다고 하더군요."

맞는 말이다. 주변을 찬찬히 살펴보고 가슴을 두근거리게 하는 물건만 골라서 남길 수 있다면, 그리고 자신이 정말 하고 싶은 일에만 집중할 수만 있다면 얼마나 좋은 인생일까, 얼마나 아름다운 인생일까.

소중한 일에 집중하라

아무 데나 최선을 다하는 건 '인생 60세 시대'에나 통하던 미덕이다. 인생이 길지 않으니 장기적인 계획도 필요치 않았고 그때그때 최선을 다하면 충분했던 시대 말이다. 남이 시키는 일만 하며 살아도 시간은 빨리 갔고, 일을 그만둔 후엔 남들 다 하는 해외여행이나 한두 번 다녀오고, 더 나이 들면 잠깐 앓다가 죽으면 되었던 시대의 얘기다. 설사 잘못 살았다 한들 과거를 되짚어보며 후회할 시간도 많지 않았으니, 어찌 보면 행복했던 시절이 아닐 수 없다.

하지만 '100세 시대'는 그렇지 않다. 인생은 길고, 장기적인 계획이 필요하다. 아무 데나 최선을 다한다면, 길고 긴 노년의 세월을 과거에 매인 채 후회하면서 보내야 할지도 모른다.

100세 시대란 '무엇이 최선인가?'에 대한 더 깊은 생각과 고민이 필요한 시대다. 소중한 일에 집중하면서도 너무 숨차지 않게 달려나갈 수 있는 그런 삶에 대한 '기획'이 필요한 시대다.

한혜경 교수의
은퇴 10년 전부터 준비해야 할 것들 1

행복에도 포트폴리오가 필요하다

일은 고맙고 월급은 위대하다! 직장을 다니는 사람이라면 누구나 잘 알 것이다. 비록 가슴 뛸 정도는 아니지만 내 책상이 얼마나 소중한지, 내 자리가 얼마나 안정감을 주는지. 매달 정해진 날에 통장으로 입금되는 월급의 힘은 또 얼마나 대단한가. 그래서 현대사회의 많은 사람들이 일과 월급을 통해 자아정체감을 확인하고 심리적 안정감을 찾는다. 그리고 일과 월급을 지키기 위해서라면 기꺼이 다른 많은 것들을 포기한다.

하지만 기억하라! 일의 소중함 때문에, 월급의 힘 때문에 포기해야 했던 많은 것들이 바로 당신이 은퇴할 때 후회하는 목록이라는 것을. 따라서 삶을 자주 점검할 필요가 있다. 너무 일에만 목숨 걸며 살고 있는 건 아닌지, 주변의 기대 때문에 당신의 능력에 비해 너무 많은 일을 하고 있는 건 아닌지 자신을 돌아보라.

은퇴 후에 가장 먼저 부딪히는 현실적인 문제는 '오늘 하루를 어떻게 행복하게 보낼 것인가?' 하는 문제다. 마땅한 '프로그램'이 없다면 하루는 잔인하도록 길다. 그래서 '벌이로서의 일'도 중요하지만 '놀이로서의 일'도 중요하다. 나를 표현할 수 있는 일, 내가 정말 좋아할 수 있는 일 또한 중요하다.

은퇴 후에 당신은 어떻게 하루를 보낼 생각인가? 당신의 정체성을 확인할 수 있는 또다른 일이 무엇인지 생각해보았는가? 당신에게 맞는 맞춤형 놀이(일)를 세 개쯤은 개발해놓았는가? 악기 하나쯤 연주할 수 있는 '사치'를 자신에게 허용하고 있는가?

이제부터라도 월급에서만 행복을 찾지 말고 '행복의 포트폴리오' 효과를 극대화할 수 있는 일, 놀이, 취미활동을 찾아보라. 내가 정말 좋아하는 게 뭘까? 재미있는 게 뭘까? 심각하게 고민하라. 직장과 집 사이에 즐길 만한 '제3의 공간'을 확보하라.

인간의 삶은 연속적이다. 죽도록 일만 하고 돈만 벌다가 은퇴하는 그 순간부터 갑자기 잘산다는 건 생각처럼 쉽지 않다는 사실을 기억하라.

'최선의 인생'을 기획하는 시간을 가져라

요즘 세상 돌아가는 걸 보면 긍정주의와 낙관주의가 지나쳐서 '중독'이나 '강박' 증세를 보이는 병에 걸린 것 같다. 물론 긍정과 낙관 자체는 좋고 필요하다. 하지만 이보다 더 중요한 건 삶의 올바른 방향과 목적의식이며, 내가 가진 본래의 지향을 향해 나아가는 자세다. 당신은 어떠한가? 혹시 당신도 '아무 데나' 최선을 다하고 있지는 않은가?

100세 시대에는 '무엇이 최선인가?'에 대한 더 깊은 생각과 고민이 무엇보다 필요하다. 소중한 일에 집중하면서도 너무 숨차지 않게 달려나갈 수 있는 삶을 기획해보자. 바쁜 때일수록 혼자만의 시간을 가져야 한다. 바쁠수록 쉬면서 생각할 시간이 필요하다.

정신 차릴 수 없이 빠르게 변화하는 무한경쟁의 세상에서 뒤처지지 않게 가쁜 숨을 몰아쉬며 앞만 보고 달려온 당신, 이제는 어깨의 힘을 빼고 부드럽게 움직일 필요가 있다. 뒤도 돌아보고 옆도 돌아보라. 자신을 들여다보는 동시에 타인을 이해하고 배려하라. 타인에게 친절하라.

2부

나 자신을 너무 함부로 대했구나

일곱번째 후회

나를 '돈 버는 기계'로 만들지 않았더라면

"하지만, 저도 잘한 게 없다는 생각이 들어요.
나도 스스로를 돈 버는 기계처럼 생각하면서 살아왔으니까요.
그런데 이제 돈도 벌지 못하니까…….
나도 내가 누군지 잘 모르겠어요."

내가 돈 버는 기계였냐? 뒤늦게 분노하는 남자들

몇 달 전에 은퇴했다는 B씨(58세)는 대뜸 자신을 두고 '엄청 후회가 많은 사람'이라고 말했다. 하지만 B씨의 객관적인 여건은 매우 좋은 편이었다. 경제적으로는 별 걱정이 없다고 말하는 흔치 않은 경우이기도 했다. B씨는 지난 몇십 년간 잘나가는 은행원과 펀드매니저로 일했고, 그의 아내 또한 대기업에서 승승장구하여 현재까지도 중역으로 근무하고 있었다. 아이들도 별 문제 없고, 아무런 특별한 문제가 없다고 했다.

그런데, 웬 후회? 이제 시간 있고 돈 있으니 재미있게 사는 일만 남지 않았을까?

하지만 그의 얼굴은 밝지 않았다.

"우리 부부는 싸움 한 번 하지 않았어요."

"그래요? 대단하네요. 그러기가 쉽지 않은데……."

B씨의 얼굴은 더 어두워졌다. 내가 다시 물었다.

"두 분 사이가 좋은 모양이에요?"

"그런 게 아니고요. 말하자면, 싸움도 하지 않을 만큼 서로 돈 버는 일에만 몰두했다는 뜻이죠. 싸우는 걸 소모적인 거라고 생각했거든요."

"싸움이 소모적……이라고요?"

"예. 서로 불만이 머리끝까지 쌓이다가도 월급날 통장에 들어온 돈만 보면 모든 불만이 사라지고, 모든 게 용서되고…… 갑자기 동료의식이랄까, 아니면 공범의식이라고 해야 할까, 아무튼 그런 비슷한 감정도 생기고 그랬죠."

"아, 예……, 싸우지 않았다는 건 바로 그런 뜻이었군요."

B씨의 말은 이어졌다.

"애들이 어릴 때는 그래도 괜찮았어요. 애들 키우는 재미로 살았으니까요. 서로 바쁘니까 양쪽 집안 어른들 도움도 받고 남의 도움도 받으면서 키웠는데 아무튼 애들 양육하는 데는 서로 손발이 잘 맞았어요. 무엇보다도 좋은 아파트에 살면서 그 비싸다는 사교육비도 부담할 수 있을 만큼 돈을 잘 벌었으니까 행복한 줄로만 알았죠."

"그랬군요."

"그런데 점점……, 부부 사이에도 할말이 없어졌어요."

B씨의 표정이 심각해졌다.

"무슨 특별한 갈등이 있었던 건가요?"

내 질문에 대해, B씨는 한참 만에 대답했다.

"애들을 모두 유학 보내고 나서, 어느 날 집사람이 말하더군요. 그동안 수고 많았다. 이제 서로 자유롭게 살자. 당신도 바람 피우고 싶으면 실컷 피워라. 단 조건이 있다. 돈은 한 푼도 잃지 않도록 하라,

라고요."

"……."

"나중에 알게 된 건데 집사람한테 남자가 있었어요. 그래서 애들도 일찍 유학을 보냈던 거고……. 이혼하면 경제적으로나 사회적으로 손해니까 이혼 얘기를 꺼내지 않은 것뿐이죠."

나는 할말을 잃고 말았다.

"교수님은 어떻게 생각하세요? 이런 콩가루 집안 얘기 들어본 적 있으세요?"

B씨는 계속했다.

"그래도 은퇴하기 전까지는 일에 파묻혀 살면서 잊고 살았는데, 은퇴하고 나니까 정말 힘드네요."

"네……, 그런데 은퇴한 후에 부부 사이가 더 나빠졌다든가, 하는 특별한 변화가 있었던 건 아닌가요?"

"집사람은 아직 회사에 다니니까 새벽에 나가서 오밤중에 들어와요. 밥은 알아서 챙겨 먹으라고 하더군요. 그런데 밥 같은 것보다 더 힘든 건 마치 내가 없는 사람인 것처럼, 투명인간인 것처럼 느껴진다는 거죠."

잠시 후에 내가 조심스럽게 질문했다.

"B씨가 먼저 대화를 시작해보면 어떨까요?"

하지만 B씨의 표정은 점점 어두워졌다.

"어떤 때는 집사람을 죽이고 싶을 정도로 화가 나요.
내가 무슨 돈 벌어다주는 기계밖에 안 되나?
그동안 내가 벌어온 돈 다 내놔라, 하고 소리치고 싶어요."

가장이라는 책임감을 보호막으로 삼고 살았다

B씨는 한참 만에 덧붙였다.

"하지만, 저도 잘한 게 없다는 생각이 들어요."

"어떤 점에서요?"

"나도 스스로를 돈 버는 기계처럼 생각하면서 살아왔으니까요. 그런데 이제 돈도 벌지 못하니까……. 나도 내가 누군지 잘 모르겠어요."

사실 나는 가족들이 자신을 '돈 버는 기계'처럼 대하는 것에 대해 분노하는 은퇴자를 많이 만났다. 특히 남편의 속마음이 어떤지에 대해서는 일말의 관심도 없이 오로지 자녀에게만 신경쓰면서 '돈 벌어 오라'고 들들 볶는 아내들에 대해 분노하는 남자들이 많았다.

우리는 종종 뉴스를 통해 은퇴한 남편의 분노가 '아내 살해' 등의 끔찍한 범죄행위로 이어진 불행한 사건을 접하게 된다. 은퇴 후에 가뜩이나 소외감을 느끼던 차에 아내마저 돈 못 벌어온다고 다그치자 그동안 억눌렀던 분노가 한꺼번에 폭발해 살인으로까지 이어진 사건들 말이다.

하지만 남자들이 피해자이기만 할까? 미안하지만 나는 아니라고 생각한다. B씨도 지적했듯이, 남자들 스스로 '돈 버는 기계'임을 자처한 측면도 있지 않은가?

물론 돈이 중요하지 않다는 얘기가 아니다. 은퇴가 너무 빠른 우리 현실을 감안할 때, 생활비도 벌어야 하고 노후자금도 모아야 한다는 생각으로부터 자유롭기는 힘든 일이다. 우리 사회에 팽배해 있는, 자녀에 대한 지나친 책임감도 걸림돌이다.

문제는, 돈을 벌지 못하면 용도 폐기된 인간이라고 스스로 생각하는 경우다. 내가 만났던 은퇴자 중에도 많이 있었다. 이런 식으로 말하는 은퇴자들 말이다.

"돈도 못 벌어오는 내 자신이 너무 싫다. 아무 쓸모없는 인간 같다. 가족과는 눈도 마주치지 못한다."

"은퇴한 후 처음에는 여기저기 많이 돌아다녔다. 그런데 어느 순간 돈도 벌지 못하면서 여기저기 돌아다니는 것에 대해 사람들이 곱지 않은 시선을 보낸다는 걸 느꼈다. 그후부터는 위축감이 들더라. 그래서 낮에는 잘 돌아다니지 않고, 밤에 몰래 나와서 여기저기 막 돌아다닌다."

나의 가치는 내가 만든다!

젊은 시절에 돈 버는 일에 최선을 다하는 건 중요한 일이다. 가족과 사회에 대해 의무를 다하는 것은 대부분의 사람들에게 공통적으로 주어진 인생의 과업이니까. 하지만 스스로 자기 자신을 돈 버는 기계로 평가절하하는 건 어리석은 일이다.

책임감 강한 가장으로 사는 것도 중요하지만 나 자신의 가치를 찾고 개발하는 것 또한 중요하다. 어떤 경우에도 나 자신이 사랑받을 만한 가치가 있는 소중한 존재라는 사실을 잊지 말아야 한다. 남에게 굽히지 않고 자신의 품위를 스스로 지키는 자존심self-respect도 중요하지만, 다른 사람의 비난 앞에서도 스스로를 존중할 수 있는 자존감self-esteem은 더 중요하다.

우리 모두에게는 '건강한 자기중심성'이 필요하다. 즉 자기 자신의 고유한 가치와 개성을 존중하고 사랑하며, 자신을 소중히 여기고 돌봐야 한다.

누가 나를 소중히 여겨줄까? 누가 나를 사랑해줄까? 바로 나 자신이다.

여덟번째 후회

외로움과 좀더 친하게 지냈더라면

"내가 그런 사람이 될 줄은 몰랐다는 거죠.
평생 직장 동료들에게 둘러싸여 왁자지껄 떠들며 살 줄 알았거든요.
가끔 혼자 중얼거리죠. 아, 그 많던 사람들은 다 어디로 갔을까?
어디로 흩어진 거지?"

여자보다 남자가 은퇴를 더 힘들어하는 이유

은퇴한 여자들 중에는 은퇴를 긍정적으로 받아들이는 사람이 꽤 있다. 1년 전에 은퇴했다는 U씨(55세)는 이렇게 말했다.

"아침에 치마를 입을까, 바지를 입을까 고민하지 않아도 되고, 만나고 싶지 않은 사람들 마주치지 않아도 되고……. 가끔 혼자 중얼거리죠. 이거 이렇게 행복해도 되는 거야?"

그런데 남자들 중에서 은퇴 후의 심정을 이렇게 '경쾌하게' 표현하는 사람을 만나기란 하늘의 별 따기만큼이나 어렵다. 남자들은 '은퇴'라는 단어만 들어도 미간을 찌푸리며 심각한 표정부터 짓기 마련이다.

이에 대한 I씨(57세)의 설명은 일리가 있다.

"남자들은 은퇴라는 말을 들으면 우선 돈 걱정부터 해요. 40대만 돼도 벌써 '내가 언제까지 일할 수 있을까?' 고민해야 하는 게 우리 현실이니까요. 매달 들어오는 월급이 갑자기 끊긴다는 생각만으로도 눈앞이 캄캄하지요. 애들 공부도 끝나지 않았는데……."

하지만 나는 우리나라 남자들이 유난히 은퇴를 받아들이기 힘들어하는 데에는 또다른 이유도 있다고 생각한다. 그건 바로 남자들일수록 은퇴 후의 '고독감'과 '고립감'에 대해 훨씬 취약하다는 점이다.

I씨도 그랬다.

"난 정말 고독이니 외로움이니 하는 단어는 시인이나 소설가들만 쓰는 건 줄 알았어요."

"그런데요?"

"내가 그런 사람이 될 줄은 몰랐다는 거죠. 평생 직장 동료들에게 둘러싸여 왁자지껄 떠들며 살 줄 알았거든요."

"요즘엔 직장 동료들과 잘 만나지 않나요?"

"처음엔 일부러 약속해서 만났는데, 점점 뜸해져서 못 만난 지 한참 됐어요. 가끔 혼자 중얼거리죠. 아, 그 많던 사람들은 다 어디로 갔을까? 어디로 흩어진 거지?"

"그러시군요……. 다른 친구들은요?"

"마찬가지죠 뭐. 돈 때문에 모임에 안 나오는 친구들도 많고……. 아무튼 이런저런 이유로 점점 더 혼자 있는 시간이 많아지네요."

I씨는 용기를 내서 아내한테 자신의 외로움을 하소연했다고 한다. 자신이 얼마나 외로운가에 대해서. 누군가의 위로를 받고 싶어서였다. 하지만 '외롭다'는 한마디 말이 떨어지자마자 아내의 목소리가 높아졌다. I씨는 아내의 말을 말투까지 흉내내며 전달했다.

"'외롭다고? 당신이 외로움을 알기나 해? 영수를 초등학교 보내던 날 내가 창가에 기대서서 얼마나 울었는지, 당신이 알아? 흥! 외롭다고? 당신도 실컷 외로워봐야 해!'"

외로움을 피하지 않았더라면

I씨는 말했다.

"마누라의 말을 들으면서 제가 그동안 '지나치게' 외롭지 않게 살아왔다는 걸 알게 됐어요. 물론 외롭다거나 허전한 느낌이 전혀 없었던 건 아니에요. 그런데 그럴 때마다 그런 느낌을 모르는 척 피해버리고는 했죠."

"왜…… 피하셨죠?"

"그런 느낌이 낯설고 두려웠거든요."

그가 덧붙였다.

"일주일에 적어도 3, 4일은 저녁마다 누군가를 만나 떠들고 술 마시고 그랬지만, 외롭다거나 뭐 그런 얘기를 해본 적은 거의 없어요."

나는 궁금했다. 그렇다면 남자들은 만나서 도대체 무슨 얘기를 할까? 외롭고 허전하다는 느낌이 들면서도 그런 얘기를 나누지 않는 이유는 뭘까? 남 흉내 잘 내는 I씨는 남자들끼리 만났을 때의 광경을 이렇게 설명했다.

"예를 들면, 뭐 이런 식이죠. 누군가 '난 요즘 부쩍 외롭다는 생각이 드는데, 너희들은 안 그래?' 이런 얘기를 꺼낸다고 합시다. 순간 좌중이 조용해지지요. 그러다가 누군가 소리쳐요. '야, 야, 미친놈, 그런 쓸데없는 소리 집어치우고 술이나 마시자!' 그러면 다들 동의한다는 듯이, 다시 왁자지껄한 분위기로 바뀌죠. 말을 꺼낸 친구도 잠자코 술만 마시고……."

남자들끼리의 술자리를 생생하게 재연하는 I씨를 보고 있자니 웃음이 났다. 하지만 I씨 본인은 웃지도 않고 계속 말을 이어갔다.

"지금 생각해보면 웃겨요. 별로 대단한 일을 하는 것도 아니면서 왜 그렇게 비장했는지, 전쟁터에 나간 것도 아니고 독립운동을 한 것도 아닌데 말이죠. 외롭다는 말도 서로 나눴어야 했는데, 진작 외로움에 빠져보기도 했어야 했는데……."

그렇다. 나는 우리나라 남자들이 미리미리 외로운 시간을 좀더 많이 가졌더라면 지금쯤 훨씬 덜 외로웠을 거라고 생각한다. 그랬다면 자신에 대해 더 많은 생각을 했을 것이고, 웬만한 어려움에는 끄덕하지 않는 내면의 힘도 길렀을 것이다. 만약에 그랬다면, OECD 국가 중 가장 높은 수치를 기록하고 있는 노년의 자살률도 훨씬 낮아지지 않았을까 생각해본다.

외로움을 견디지 못하면 남에게도 피해를 준다

은퇴자들을 만나다보면, 외로움과 고립감을 견디지 못하는 이들이 보이는 다양한 '증세' 때문에 안타까울 때가 많다. 잠시라도 혼자 있는 시간이 생기지 않도록 빽빽한 시간표를 만들어야만 마음이 놓이

는 '부지런 강박증'도 그 증세 중의 하나다. 물론 부지런함 자체가 나쁘다는 건 아니다. 아니 오히려 좋은 점이다. 하지만 외로움과 고립감을 마주하는 것이 두려워서 '아무 일에나 부지런한' 사람들을 보는 것은 씁쓸한 일이다.

아직도 휴대폰에 수백 명의 이름이 저장되어 있다고 자랑하는 사람들, 동창회나 동호회를 포함한 모든 모임에 끼지 않으면 불안해서 어쩔 줄 모르고, 어쩌다 혼자 있는 시간에는 온라인상의 블로그 카페에라도 드나들어야만 편안해지는 사람들도 마찬가지다.

그뿐인가. 외로움을 참지 못하는 은퇴자들의 엉뚱한 행동은 주변 사람들을 곤혹스럽게 만들기도 한다. 내가 만났던 은퇴자 중에도, 예전에 다니던 직장 근처를 서성거리면서 적어도 일주일에 이틀은 점심시간마다 동료나 후배를 불러낸다며 '자랑'을 늘어놓는 사람이 있었다.

외로움과 친해지자

나는 생각해본다. 외로움은 인생에서 언젠가는 반드시 마주쳐야 할 '외나무다리 위의 원수' 같은 것이라고. 그래서 말인데, 늦어도 40대부터는 외로움을 피하지 않았으면 좋겠다. 아니 일부러라도 그런 시간을 가져보자. 일주일에 반나절만이라도, 아니 단 두 시간만이라도 나 혼자만의 시간을 가져보자. 그런 시간을 통해서 나 자신을 돌아보자.

시인 황동규는 혼자 있을 때 문득 찾아오는 삶의 기쁨을 '황홀해서 환해진 외로움'이라고 표현했다. '홀로움'이라는 단어도 만들어냈다. 조용히 주체적으로 살아갈 수 있는 내면의 힘은 외로움에서 나온다는 것이다.

100세 시대 아닌가. 외로움과 친해져야 할 이유는 많고도 많다.

아홉번째 후회

성급한 대박을 좇지 않았더라면

"모든 걸 다시 시작할 수 있다면 빨리 대박 쳐서 은퇴하고
그때부터 행복하게 살겠다는 생각 같은 건 하지 않겠죠.
대박 치지 않아도 좋으니까 은퇴하지 않고,
오래오래 일하면서 그냥 그 순간순간을 느끼며 살고 싶어요."

너무 일찍 대박을 친 게 후회스럽다?

J씨(53세)는 '은퇴 후에 가장 후회하는 게 뭔가?'라는 질문에 대해 기다렸다는 듯이 대답했다.

"너무 일찍 '대박'을 친 거죠."

"예? 대박을요?" 어리둥절해서 되묻는 내게 그는 대답했다.

"그렇습니다."

J씨는 시원시원한 성격의 소유자인 것 같았다. 수많은 은퇴자를 만나봤지만 J씨처럼 자기 입으로 대박을 쳤다고 시원스럽게 인정하는 사람은 처음이었다.

"어떤 대박이었나요?"

"20대 후반에 취직을 했는데, 제 꿈이 30대쯤, 늦어도 마흔 안에 대박을 치는 것이었거든요. 아무리 생각해봐도 회사만 다녀서는 대박을 못 치겠더라구요. 그래서 서른한 살에 회사를 때려치우고 장사를 시작했어요."

"아, 예, 장사가 계획대로 잘됐나보군요."

"우여곡절도 있었지만, 아무튼 결과적으로 돈은 좀 벌었어요."

"그런데, 웬 후회를……?"

"대박이란 게 내가 겪어보니까 롤러코스터 같더군요. 올라간 그만큼, 아니 빨리 올라갈수록 더 무서운 속도로 추락하니까요."

재미있는 얘기가 많을 것 같았다. 다행히 J씨는 '옳지, 잘됐다. 이 기회에 내 인생을 한번 정리해봐야겠다'라고 마음이나 먹은 사람처럼 자신의 인생 스토리를 모두 털어놓았다.

J씨의 사연인즉슨 이랬다. 마흔이 되기 전에 큰돈을 벌고 싶었던 J씨는 회사를 그만둔 후에 고속버스터미널 근처에 조그만 가게를 하나 얻어서 밤낮을 가리지 않고 열심히 일했다. 남보다 빨리 성공하려면 잠시도 쉬어서는 안 될 것 같아서 오로지 일에만 매진했다. 스스로 힘든 기준을 세워놓고, 하나의 목표를 달성하면 다음 단계의 목표를 세우면서 자신을 채찍질했다.

본인도 열심히 했지만 운도 따라줘서 J씨는 만 40세가 되던 해에 직원이 20명 정도 되는, 작지만 실속 있는 회사의 사장이 될 수 있었다. 그야말로 자신이 그토록 원했던 '대박'을 친 셈이었고, 친구들도 모두 부러워했다.

그런데 문제는 바로 그때부터 생기기 시작했다. J씨는 대박이란 게 한 번 치면 영원히 계속되는 그런 것이라고 생각했다고 한다. 그런데 그게 아니었다. 사업의 규모가 커지면 커질수록 고민도 많아졌다. 특히 자금 문제와 인사관리가 힘들었다. 더 큰 대박을 치려면 더 많은 돈이 필요한데 자금 마련하기가 쉽지 않았고, 특히 직원 관리에 애를 먹었다.

이런저런 고민을 의논할 사람도 마땅치 않았다. 아무에게나 회사

기밀을 털어놓을 수도 없고, 그렇다고 믿고 의논할 만한 직원이 있는 것도 아니었다.

결국 J씨는 총무 겸 자신의 비서 역할을 맡아 하던 여직원에게 고민을 털어놓기 시작했고, 중요한 일을 모두 그녀와 의논했다. J씨는 말했다.

"당시에는 그녀가 천사인 줄 알았어요. 어쩌면 그렇게 내 마음을 잘 알아줄까, 그러면서도 똑똑하고 예쁘고……. 흠 잡을 데 없는 부하 직원이자 의논 상대라고 생각했죠."

"그런데, 결과적으로 아니었다는 말씀인가요?"

"나중에 그녀와 동거를 시작하고 본처와 이혼했을 때만 해도 '이건 어쩔 수 없는 필연이다'라고 생각했죠. 그런데, 나중에 사업이 망해서 회사 문을 닫을 때가 되니까 그 여자가 제일 먼저 떠나버리더군요."

"……그런 일이 있었군요."

"그제야 모든 게 착각이었다는 걸 알게 되었죠. 사실 그 여자, 욕하고 싶지도 않아요. 착각한 건 나니까요."

가능하면 늦게 대박 치는 것도 방법

그래도 J씨는 스스로 '운이 좋은 사람'이라고 말했다.

추락한 후에 많은 걸 새로 깨달았으니까요."

J씨는 지금은 조그만 오피스텔에서 숙식도 해결하면서 혼자 일하고 있다고 했다. 직원이 없으니까 마음도 편하고 참 평화롭다는 말도 덧붙였다.

"이제야 알 것 같아요. 가장 잘나갈 때가 가장 위험하다는 걸요. 말하자면 대박 난 그 순간이 타락으로 가는 가장 위험한 순간이죠."

"참 좋은 말이네요."

나는 진심으로 말했다. J씨는 계속 말을 이어갔다.

"그러고 보니까 후회할 일이 참 많네요. 난 '조로병'에 걸렸던 것도 후회합니다."

"조로병이요? 빨리 늙는 병 말인가요?"

"예. 빨리 성공하고 빨리 은퇴하려고 하는 것, 그것도 조로병 아닐까요?"

"아, 그런 뜻으로 말씀하시는 거군요. 그런데 요즘 사람들이 다 그렇지 않나요?"

"그렇죠. 그런데 빨리 성공해서 은퇴하면 뭐합니까? 요즘 수명은 자꾸 길어지는데, 몇십 년을 뭐하고 살아갑니까? 한창 젊을 때 대박 나는 것보다는 말년이 행복해야 좋은 거 아니겠습니까?"

인터뷰를 시작한 지 2시간이 넘어가고 있었다. 이제는 이야기를 마무리해야 할 시간. 나는 마지막 질문을 던졌다.

"만약에 J씨가 지금 30대이고 모든 걸 다시 시작할 수 있다면, 어떻게 살고 싶으세요?

그는 한참 만에 대답했다.

"얼마 전에 TV에서 보니까, 양학선이라는 체조 선수가 말하더군요. '더 높게 날아오를 수 있지만 그렇게 하지 않는다. 왜? 착지가 중요하니까.' 참 좋은 말 아닙니까?"

"예, 좋은 말이군요."

"모든 걸 다시 시작할 수 있다면 빨리 대박 쳐서 은퇴하고 그때부터 행복하게 살겠다는 생각 같은 건 하지 않겠죠. 대박 치지 않아도 좋으니까 은퇴하지 않고, 오래오래 일하면서 그냥 그 순간순간을 느끼며 살고 싶어요."

중요한 건 대박이 아니라 한걸음 한걸음 성실히 나아가는 것이다

얼마 전에 나도 '대박' 비슷한 경험을 했다. 물론 돈 얘기는 아니다. '심리적인' 대박이라고나 할까? 오전에 신문사에 보낼 원고를 쓰고 난 후 또다른 원고를 쓰기 시작했는데 그날따라 이상하리만치 잘 써지는 것이었다. 난 혼자 중얼거렸다. "어머나, 이게 웬일? 대박이네."

그날따라 모든 게 완벽했다. 하루종일 모든 일이 잘 풀렸고, 저녁나절의 산책도 행복했다. 심지어 TV 프로그램마저 감동적이었다. 오죽하면 자기 전에 "아, 행복하다. 매일 오늘만 같았으면!" 하고 중얼거렸을 정도니까.

그런데 대박은 거기까지였다. 밤늦도록 도통 잠이 오지 않았던 것이다. 지나친 행복감 때문이었을까? 온몸과 정신의 세포가 깨어나 움직이는 듯했고, 롤러코스터의 정상에 매달려 있는 듯 흥분된 상태였다. 내일 아침에 해야 할 일이 산더미인데 말이다. 다시는 기억하고 싶지 않은 괴로운 밤이었다.

그때 깨달았다. 대박이 항상 좋은 건 아니라는 걸. 너무 완벽한 것, 너무 '찐한' 행복감에는 '나쁜 바이러스'가 끼기 쉽다는 걸. 그래서 지나치게 행복할 때 더 조심해야 한다는 걸. 다소 부족하고 아쉽고 고달팠던 하루가 우리를 긴장하게 하고 달콤한 잠에 빠지게 한다. "아유, 힘들어! 빨리 잠들어야지."

우리에게 정말 필요한 건 대박이 아니다. 따라서 대박이 아니면 실패라는 생각은 버려야 한다. 작은 성공도 성공이라는 걸 받아들여야 한다. 우리에게 중요한 건 그냥 한걸음 한걸음 앞으로 나아간다는 사실이다.

"누가 승리를 말할 수 있으랴, 극복이 전부인 것을!"

릴케의 시 한 구절이 생각나는 날이었다.

열번째 후회

내 몸을 좀더 소중히 다뤘더라면

"만일 30대로 다시 돌아갈 수 있다면 어떻게 몸을 관리하시겠어요?"

H씨는 잠시 생각하더니 대답했다.

"우선 '정신력'에 대한 엉뚱한 믿음부터 없애야겠죠. 정신력으로 몸을 버틸 수 있다는 둥 하는 오해 말이에요. 저는 죽을 고비를 넘기면서 비로소 정신력이란 게 체력이라는 껍데기 없이는 아무 힘도 쓸 수 없는 거라는 걸 깨달았어요."

위험해도 모르는 30대

"돌아보니까, 30대가 문제였어요. 그런데도 아무것도 모르고 자신만만했으니……."

마흔아홉이던 어느 날, 출근길 지하철에서 '공황장애'를 경험했던 H씨(51세)의 말이다. 가슴이 답답해오면서 숨쉬기가 힘들 정도의 통증을 느꼈던 그는 쓰러지면 그냥 죽어버릴 것 같은 공포감이 통증보다 훨씬 더 힘들었다고 했다. MRI를 찍는 등 온갖 검사를 다 끝내고 한 달이 지난 후에야 그게 소위 그 유명한 공황장애라는 걸 알게 된 H씨는 그제야 자신의 몸이 완전히 망가졌다는 사실을 인정할 수밖에 없었다.

그런 H씨가 문제의 씨앗은 30대에 이미 뿌려졌다고 말하고 있는 것이다. 내가 물었다.

"30대에 이미 공황장애의 기미가 보였던 건가요?"

"아니에요. 그런 뜻이 아니고요. 그때부터 몸이 망가지기 시작했다는 뜻이죠."

그는 덧붙였다.

"30대가 가장 왕성한 때 아닙니까? 회사생활에 적응하느라고 한창 힘들기도 했고요. 술, 담배 많이 하고, 회식 가서 고기 많이 먹고, 그러다보니 살이 찌고 배도 나오기 시작하더라고요. 운동해야 한다는 건 알고 있었지만 헬스 다니는 것도 스트레스라서 오래 하지 못했죠.

"아, 이해가 가요. 다 쓰지 못한 헬스 회원권이 제일 아깝더라고요."

"하하. 누구나 그럴 겁니다. 아무튼 그 지경인데도 '아직 30대니까'라고만 생각했으니, 지금 생각하면 참 한심하죠."

내가 다시 물었다.

"만일 30대 그 시절로 다시 돌아갈 수 있다면 어떻게 몸을 관리하시겠어요?"

H씨는 잠시 생각하더니 대답했다.

"우선 '정신력'에 대한 엉뚱한 믿음부터 없애야겠죠."

"정신력에 대한 믿음이라고요?"

"예. 정신력이 몸보다 더 중요하다는 둥 정신력으로 몸을 버틸 수 있다는 둥 하는 그런 오해 말이에요. 저는 죽을 고비를 넘기면서 비로소 정신력이란 게 체력이라는 껍데기 없이는 아무 힘도 쓸 수 없는 거라는 걸 깨달았어요."

"아, 예. 참 좋은 지적이네요."

H씨는 덧붙였다.

"후배들한테 말해주고 싶어요. 무슨 일이든 오래 하고 싶으면 체력부터 기르라고요. 특히 책상 앞에 앉아서 머리 굴리며 사는 사람들, 정신력 어쩌구 하면서 몸을 소홀히 하는 거 보면 정말 안타까워요."

화병도 이젠 남자들의 병?

L씨(49세)는 마흔이 넘으면서부터 몸이 자주 피곤해지기 시작했다. 너무 과로했나, 일을 줄여야 하나, 하고 생각했지만 그냥 넘겨버렸다. 승진을 앞두고 경쟁이 나날이 치열해지고 있는 마당에 몸을 돌볼 시간도, 여유도 없었던 것이다. 피곤한 중에도 음주와 흡연을 계속하는 생활이 이어졌다.

"지금 생각해보면 어이가 없어요. 내가 누군가? 가진 거라곤 건강뿐 아닌가! 최소한 육십까지는 병원에 드나들지 않아도 될 거야, 하는 밑도 끝도 없는 착각에 빠져 있었던 거예요."

그러나 46세가 되던 해에 L씨는 뒷골에서 시작된 통증이 어깨로, 허리로 내려와서 꼼짝도 할 수 없는 지경에 이르렀다. 팔다리조차 올리기 힘들 정도였다. 결국 회사를 결근하고 며칠 쉬었더니 통증이 한결 완화되었다.

위기감을 느낀 L씨는 그제야 병원에 가서 각종 검사를 받았고, '화병'이라는 진단을 받았다고 한다. L씨는 말했다.

"처음에는 황당하더라고요. 화병이라니? 내가 화병에 걸렸다니? 화병은 시집살이하는 며느리나 남편 때문에 속 썩는 중년 여자들이 걸리는 병이라고만 생각했거든요."

사실, 나도 화병은 여자들의 병이라고 알고 있던 터였다.

"그런데, 정신과 의사 말에 의하면, 요즘엔 화병이 중년 남성들한테 더 많다고 하더군요."

L씨는 덧붙였다.

"특히 자신을 죽이고 두루두루 잘 지내려고 애쓰는 타입의 성격 좋아 보이는 직장인이나 가족들에 대한 불만을 꾹꾹 누르고 사는 은퇴자들이 화병에 잘 걸린다고 해요."

그것도 처음 듣는 말이었다. 의아해하는 내게 L씨가 설명했다.

"그런 사람들일수록 화를 잘 참기 때문이죠. 겉으로는 남들과 잘 지내는 것처럼, 별일 없는 것처럼 보이지만, 참고 참은 마음의 병이 결국은 몸으로 나타난다는 거예요."

화병이란 마음의 고통이 있으니 빨리 구조해달라는 신호다. 그동안 여자들의 전유물로 여겨지던 화병마저 남자들을 공략하고 있다니, 심각한 문제가 아닐 수 없다. 애처로운 40대 남자들이여!

요즘에는 운동선수들도 몸을 혹사하지 않는다

얼마 전에 모 신문에서, 2013년도에 프로야구 최고령 타격왕에 오른 LG 이병규 선수(39세)에 대한 기사를 읽고, 요즘 운동선수들의 몸 관리가 예전과는 많이 다르다는 걸 실감했다. 39세의 나이에 타격왕에 오르기 위해서는 자신의 몸을 소중히 여기는 마음과 노력이 필수적이라는 점도.

예를 들어보자. 이병규 선수는 최동원 선수와 여러모로 대조적이다. 프로야구 역사상 최고 투수 중 한 명으로 꼽히는 최동원은 아파도 눈치 보느라 참고 뛰면서 그 많은 경기를 소화해내야 하던 시절의 대표적인 선수였다. 최동원 선수가 30대 초반의 나이에 유니폼을 벗게 된 이유 중 하나가 한창 시절에 몸을 너무 혹사했기 때문이라는 걸 모르는 사람은 없을 것이다.

반면 이병규 선수는 매사에 무리를 하지 않았다고 한다. 그는 아프지 않으려고 철저히 웨이트 트레이닝을 했고, 아프기 전에 치료를 받았다고 한다. 스스로 "잘 먹고 잘 쉬고 잘 잤다"고 말한다. 회식할 때도 절제를 아는 선수였다고.

이병규 선수의 '몸 아끼기' 목록은 다음과 같다.

- 야구 선수에게는 눈이 중요하므로 TV도 좋아하는 프로로 딱 한두 시간만 본다.
- 차 안에서는 스마트폰을 보지 않는다.
- 잘 쉬는 것도 중요하므로 아무것도 안 하고 침대에 그냥 누워 있기도 한다.
- 담배도 안 피우고 콜라도 안 마신다.

• 시즌이 끝나면 친구 한 명 데리고 여행 가서 좋은 거 먹고 쉰다.

스트레스를 받지 않기 위해서, 노력해서 안 되면 '자신을 용서했다'는 말도 인상적이었다. 낙천적인 성격 탓도 있겠지만 말이다.

그러고 보면 3, 40대에 몸을 혹사해서라도 열심히 일하며 살아야 한다는 건 한 60년 정도만 '짧고 굵게' 살던 시대의 삶의 태도다.

당신은 앞으로도 수십 년을 더 살 사람이다. 오랜 시간 아픈 몸을 이끌고 살고 싶지 않다면, 이제라도 내 몸을 소중히 다뤄야 한다. 내가 아니면 누가 내 몸을 소중히 여기겠는가.

열한번째 후회

치열했던 그때부터
글을 썼더라면

"치열하게 살 때, 매일 아침 지하철 타고 출근하면서
'지겹다. 언제까지 이렇게 살아야 하나'라고 중얼거리던 그때,
일요일 밤만 되면 분노감인지 우울감인지 모를 감정이
치밀어올라 울컥하던 그때, 그때야말로 쓸거리가 많았던 때였어요.
지금은……, 시가 아니더라도 뭐라도 쓰고 싶은데,
통 써지지가 않네요."

마흔 무렵, 갑자기 시가 쓰고 싶어졌다

'은퇴 후 후회하는 일이 무엇인가'라는 나의 질문에 대해 M씨(58세)가 기다렸다는 듯이 '시를 쓰지 못한 것'이라고 짧게 대답했을 때, 내 귀를 의심해야 했다. 혹시 잘못 들었나?

50대 후반의 남자가 시 얘기를 하는 것도 특이했지만, 무엇보다 스물일곱부터 30년 동안이나 은행에 근무하다가 은퇴했다는 M씨는 지금도 전형적인 '뱅커banker'의 분위기를 물씬 풍기고 있었기 때문이다. 뱅커와 시라…….

"예? 시요?"

나의 의아하다는 반응을 눈치챘는지 M씨는 그제야 약간 멋쩍은 웃음을 지으며 말했다.

"사실은, 제가 영문과 출신이거든요."

"아, 예……."

"그렇다고 대학 때부터 시를 쓰고 싶었던 건 아니고요. 그때는 시나 소설 강독 시간에 별 재미를 못 느꼈어요. 어떻게 하면 괜찮은 직장에 취직할 수 있을까, 라는 생각으로 가득 차서 한가하게 시나 읽는 그런 대학 생활이 비현실적으로 느껴질 정도였으니까요."

"아, 그랬군요. 그렇다면 시를 쓰고 싶다고 생각한 건 언제부터였나요?"

"마흔이 넘으니까 저절로 내 인생을 돌아보게 되는 때가 오더라고요. 그때 갑자기 시 읽고 소설 읽던 대학 생활이 엄청 그리워지는 거예요."

M씨는 덧붙였다.

"그리고 고등학교 때 내가 쓴 시를 보고 '너 시인 되면 좋겠다'고 말씀해주셨던 국어 선생님의 한마디가 귀에 뱅뱅 맴돌지 뭡니까?"

"그런 말까지 들었다면 시에 재능이 있었던 거군요?"

M씨는 쑥스럽다는 표정으로 대답했다.

"글쎄요. 그 정도는 아니고……, 그냥 시 읽는 걸 좋아했어요."

화제를 다시 '후회' 쪽으로 돌리지 않을 수 없었다.

"그렇다면 지금 후회하고 있는 건, 마흔 무렵부터 시를 썼어야 했는데……, 뭐 이런 건가요?"

M씨는 대답했다.

"예. 그래요. 왜 쓰지 못했을까? 그런 생각을 많이 하죠."

M씨는 잠깐 생각에 잠기더니 말을 이어갔다.

"변명 같지만, 시 쓰고 싶은 마음이 들었던 마흔 무렵이 사실은 제일 바쁜 때였어요. 애들 교육비 부담도 커졌고, 승진에도 신경써야 했고……. 그런데, 내가 시를 쓰지 못한 데에는 이런 현실적인 이유보다 더 중요한 이유가 있었어요."

"그게 뭔가요?"

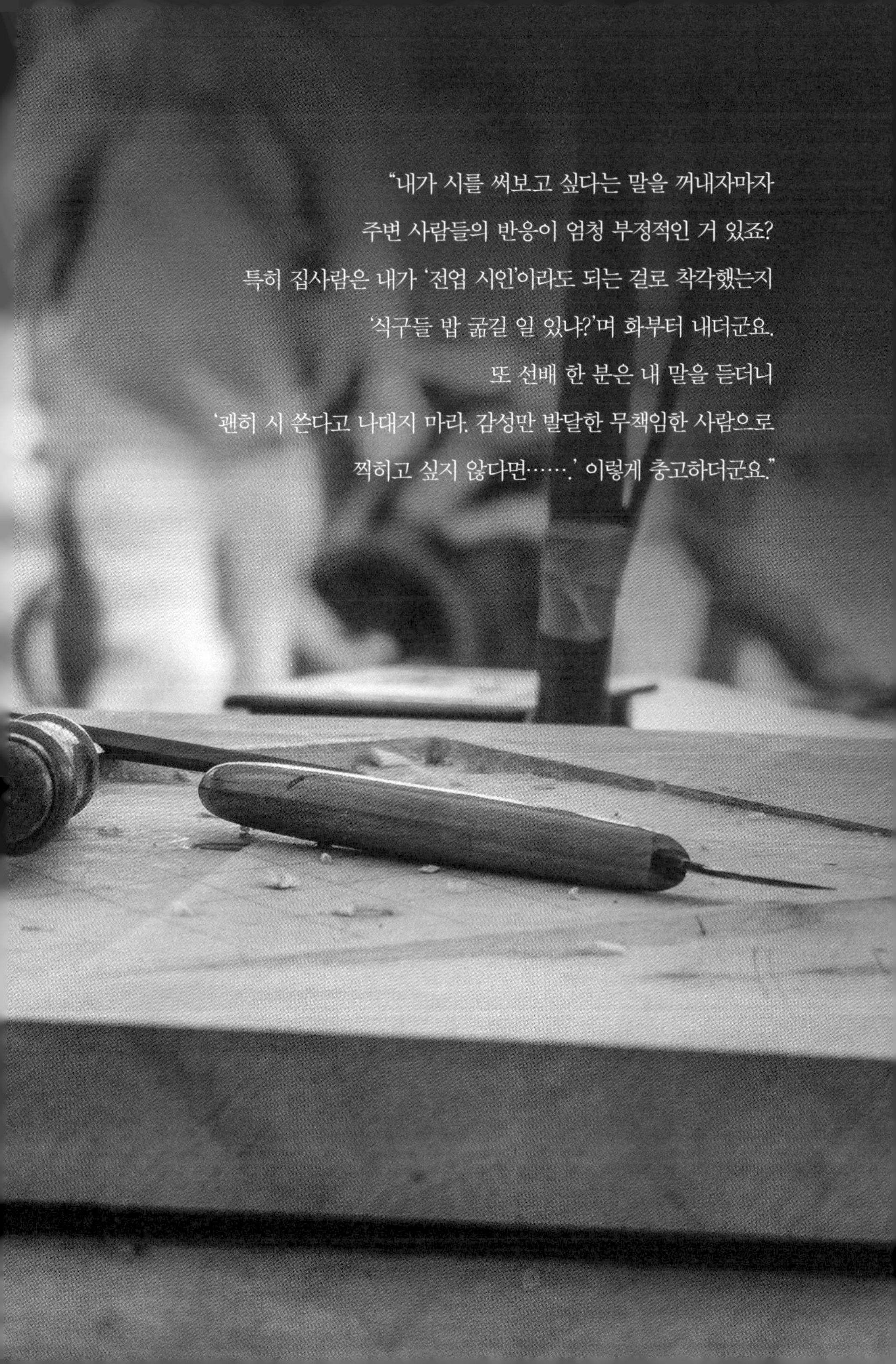

"내가 시를 써보고 싶다는 말을 꺼내자마자
주변 사람들의 반응이 엄청 부정적인 거 있죠?
특히 집사람은 내가 '전업 시인'이라도 되는 걸로 착각했는지
'식구들 밥 굶길 일 있냐?'며 화부터 내더군요.
또 선배 한 분은 내 말을 듣더니
'괜히 시 쓴다고 나대지 마라. 감성만 발달한 무책임한 사람으로
찍히고 싶지 않다면…….' 이렇게 충고하더군요."

"말하자면 시 쓰는 사람에 대한 주변 사람들의 편견을 뛰어넘기가 쉽지 않았다는 말씀이군요."

"그런 셈이죠. 나 자신도 밥 굶을지도 모른다는 두려움을 갖고 있었으니 시가 써졌겠어요?"

시가 왜 써지지 않는 걸까?

이제는 은퇴했으니 시를 써도 좋겠다고 얘기하려는 순간, M씨가 먼저 말했다.

"사실, 이제부터 시를 써도 되겠죠. 시간도 많으니까요."

"그렇죠. 은퇴한 후에 할일이 없어서 고민하는 사람들에 비하면 M씨는 하고 싶은 일도 있고, 행복한 경우라고 볼 수 있는데요."

하지만 M씨의 얼굴은 밝지 않았다.

"그런데, 그게 참 이상하더군요. 지금 시간도 많고, 시 쓴다고 비웃는 사람도 없는데 시가, 아니 생각이 전혀 떠오르지 않아요."

"조금 아까, 전에는 너무 바빠서 시를 쓸 수 없었다고 말씀하시지 않았던가요?"

"그랬죠."

"그렇다면 지금은 시간도 많으니까 시가 잘 써져야 할 텐데요?"

M씨는 난감하다는 표정을 짓더니, 한참 만에 대답했다.

“전에, 어떤 시인을 인터뷰한 책을 본 적이 있어요. 최승호 시인이었던 것으로 기억하는데, 산 좋고 물 좋은 강원도 어느 지역에서 교사 노릇을 할 때, 경치가 하도 아름다워서 야, 여기서는 시가 저절로 나오겠구나, 라고 생각했대요. 그런데 막상, 시에 힘이 하나도 없더라는 거예요. 그래서 정말 열악한 광산촌으로 자원해서 전근을 갔대요. 그랬더니, 시가 막 나오고 힘도 있더라는 얘기였죠.”

“흥미로운 얘기네요.”

M씨는 말을 이었다.

“치열하게 살 때, 매일 아침 지하철 타고 출근하면서 ‘지겹다. 언제까지 이렇게 살아야 하나’라고 중얼거리던 그때, 일요일 밤만 되면 분노감인지 우울감인지 모를 감정이 치밀어올라 울컥하던 그때, 그때야말로 쓸거리가 많았던 때였어요.”

100퍼센트는 아니겠지만, M씨가 무슨 말을 하려는지 알 것 같았다.

“지금은……, 시가 아니더라도 뭐라도 쓰고 싶은데, 통 써지지가 않네요.”

점점 무거워지는 분위기도 전환할 겸 나는 농담처럼 말했다.

“‘그렇게 통 써지지 않는 그 무엇이 무엇일까?’에 대해 써보면 어떨까요?”

그날 M씨와 나는 이상국 시인의 「시 파는 사람」이라는 시가 참 좋다는 얘기를 하면서 헤어졌다.

시 파는 사람

젊어서는 몸을 팔았으나
나도 쓸데없이 나이를 먹은 데다
근력 또한 보잘것없었으므로
요즘은 시를 내다 판다
그런데 내 시라는 게 또 촌스러워서
일 년에 열 편쯤 팔면 잘 판다
(…)
가끔 장부를 펴놓고 수지를 따져보는 날이면
세상이 허술한 게 고마워서 혼자 웃기도 한다
사람들은 내 시의 원가가 만만찮으리라고 생각하는 모양이지만
사실은 우주에서 원료를 그냥 퍼다 쓰기 때문에
팔면 파는 대로 남는다는 걸 모르는 것 같아서다.
그래서 나는 죽을 때까지
시 파는 집 간판을 내리지 않을 작정이다

- 이상국, 『어느 농사꾼의 별에서』

점점 감성이 풍부해지는 남자들, 뭔가를 쓸 수 있다면 참 좋을 것 같다. 사무실 책상의 한 귀퉁이에서, 혹은 집안 식탁의 한 구석에서

글을 쓸 수 있는 그런 여유를 가진다면 얼마나 좋겠는가. 책을 읽는 것도 좋지만 쓰는 건 더 좋은 일이다. 구체적으로 뭐가 좋으냐고 묻고 싶은가?

그 대답은 일흔 넘어 한글을 처음 배웠다는 한 할머니의 말로 대신하고자 한다. 한글을 배우니까 뭐가 좋으냐는 질문에 할머니는 이렇게 대답했다고 한다.

"안 보이던 꽃이 보이더라."

열두번째 후회

나만의 멋과 매력을 가꿨더라면

"전에는 몰랐어요. 젊었을 때는 성공하면 저절로 멋이 따라올 거라고 생각했지요. 성공한 사람이 무조건 매력적으로 보였던 것도 사실이에요. 그래서 나도 성공하고 나면 그때 멋을 내야겠다, 그때 가서 매력도 갖춰야겠다, 하고 막연히 생각했죠."

"지금은 그렇게 생각하지 않는다는 말씀인가요?"

"그렇습니다. 성공한 사람이 매력까지 갖추는 건 아니더군요."

멋있는 삶과 성공한 삶은 별개

D씨(61세)는 자타가 공인하는 성공한 사람이다. 자영업을 시작한 이후 온갖 고생 끝에 꽤 큰 실적을 내는 사업체로 키워냈으니 그런 말을 들을 만도 했다. 더 대단한 건, '이만하면 되었다' 싶을 때 스스로 대표 자리를 물러났다는 점이다. 앞으로는 돈 버는 일보다는 뭔가 사람들에게 도움이 되는 일을 해볼 계획이라고 했다.

그래서일까? 은퇴했지만, 그는 여전히 당당해 보였다. 이런 사람에게도 후회가 있을까? 하지만 D씨는 진지한 표정으로 대답했다.

"후회라……. 멋 내는 법을 진작 알아두지 못한 거죠."

"예? 멋이요?"

특이한 대답이었다. 자세히 묻지 않을 수 없었다.

"멋이라면……, 어떤 멋을 말씀하시는지?"

"하하. 교수님이 그렇게 정색을 하고 물으시니까 대답하기가 어렵지만, 은퇴하고 나니까 뭘 입고 나가야 할지, 전에 없이 신경이 쓰여서요."

"아, 예. 옷차림을 말씀하시는 건가요?"

D씨는 조금 생각하더니 대답했다.

"옷이 전부는 아니지만 옷도 중요해요. 전에는 다 똑같이 넥타이 매고 다녔잖아요. 마치 교복을 입듯이……. 그런데, 요즘엔 좀 다르게, 나만의 개성을 표현해주는 옷차림을 하고 싶은데 그게 잘 안 되네요.

그건 그렇다. 나도 동감하는 바다. 종합사회복지관에서 은퇴자를 대상으로 하는 교육프로그램을 진행하던 후배가 한 말이 생각났다. 프로그램을 시작하던 첫날, 마치 약속이나 한 듯이 짙은 색 양복에 화려한 넥타이를 매고 '어디 한번 해보라'는 표정으로 근엄하게 앉아 있는 은퇴자들 때문에 완전히 기가 질렸다는 얘기였다.

D씨가 말했다.

"요즘엔 제 나이 또래인데도 피어싱을 했다든지, 스티브 잡스처럼 까만 니트에 청바지만 입었는데도 그게 묘하게 잘 어울리는 그런 사람들, 말하자면 자기만의 멋을 발산하는 사람들을 보면 자꾸 눈길이 가요. 예술가처럼 보이는 사람들도 부럽고요. 엊그제는 길에서 하얀 머리를 뒤로 묶은 어르신을 봤는데 어찌나 멋있게 보이던지 한참을 뒤돌아봤어요."

"아, 그러시군요. 저는 여자들만 멋내는 데 관심이 많은 줄 알았어요."

"저도 나한테 이런 면이 있는 줄 몰랐어요. 이럴 줄 알았으면 진작 멋내는 학원 같은 데라도 다녔을 텐데, 어디 그런 거 가르쳐주는 데 없습니까?"

D씨는 유쾌한 사람 같았다. 하지만 농담처럼 말하는 그의 말에는 뭐라고 설명하기 힘든 진지함이 묻어 있었다. 그는 말했다.

“전에는 몰랐어요. 젊었을 때는 성공하면 저절로 멋이 따라올 거라고 생각했지요. 성공한 사람이 무조건 매력적으로 보였던 것도 사실이에요. 그래서 나도 성공하고 나면 그때 멋을 내야겠다, 그때 가서 매력도 갖춰야겠다, 하고 막연히 생각했죠.”

“지금은 그렇게 생각하지 않는다는 말씀인가요?”

“그렇습니다. 성공한 사람이 매력까지 갖추는 건 아니더군요.”

D씨는 덧붙였다.

“제 주변에 소위 성공했다, 돈 좀 있다는 사람이 꽤 있는데요. 이 사람들 만나면 하나같이 재미가 없어요. 정말 매력 없어요. 만날 때마다 저렇게 살지 말아야지, 다짐하죠.”

“어떤 면에서 매력이 없다고 생각하세요?”

“무엇보다도 모든 화제가 돈 얘기예요. 처음부터 끝까지……. 예를 들면, 아들 얘기도 이런 식으로 하죠. 아들이 이러저러해서 얄밉고 꼴도 보기 싫지만 그래도 돈은 물려줘야겠다, 세금 안 내고 돈 물려주는 법 없나? 알고 있으면 가르쳐달라, 뭐 이렇게……. 듣고 있으면 질릴 정도라니까요.”

얘기를 하는 도중에 D씨는 정색을 했다.

“아, 이거 남의 얘기를 하다보니 얘기가 이상하게 흘러간 것 같군요. 마치 나는 돈에 초연하고 멋있는 사람인 것처럼 말이죠.”

“D씨는 스스로 어떤 쪽이라고 생각하나요?”

"하하. 저야 그런 친구들에 비하면 대단한 사람이 아니라서……. 하지만, 어쨌든 노후에는 멋있는 사람으로 살아보고 싶어요."

"멋있는 사람이라면?"

"하하. 교수님은 어려운 질문을 참 많이 하시는군요. 멋있는 게 어떤 건지, 저도 여러 가지로 궁리중입니다."

오늘의 멋을 내일로 미루지 말라?

말로는 '궁리중'이라고 했지만, D씨는 멋에 관한 이런저런 연구를 꽤 하고 있는 것 같았다. 내가 물었다.

"멋있는 삶을 살아야 하는 이유가 뭘까요?"

D씨가 대답했다.

"삶을 풍요롭게 해주기 때문이 아닐까요? 아니 그 반대인지도 모르겠네요. 삶이 풍요롭기 때문에 멋있어지는 건지도……."

D씨는 덧붙였다.

"그런데, 그 멋이란 게 그렇게 하루아침에 만들어지는 게 아닌 것 같더군요."

"멋은 하루아침에 만들어지지 않는다, 라고요? 어떤 면에서 그럴까요?"

"예, 전에 미국이나 유럽 같은 곳에 출장을 갔을 때 느낀 건데요. 거기서 나이든 은퇴자 부부가 오토바이를 타고 국립공원에 놀러 다닌다든가 요트를 타고 운하를 유람한다든가 하는 광경을 많이 봤어요. 그때마다 나도 나중에 저렇게 멋있게 살아야겠다, 그러기 위해서라도 지금은 더 열심히 일해야지, 라고 생각했죠."

"그런데요?"

"그런데, 지금 생각하니까 '나중에 멋있게 살아야지'라는 그 생각 자체가 잘못됐어요. 멋도 젊었을 때부터 내야지, 생전 오토바이 안 타던 사람이, 배 한 번 저어본 적 없던 사람이 은퇴했다고 그런 걸 즐길 수 있을까요?"

"……."

"저는 아니라고 봐요. 뭐든지 하고 싶을 때 해야 한다고 봅니다. 멋도 마찬가지죠. 지금은 멋이고 뭐고 돈 버는 데 몰두하자, 멋은 먼 훗날 내야지, 이런 생각은 어리석은 생각이었어요."

그날, D씨와 나는 다음과 같은 결론에 도달했다.

"인생의 멋을 내일로 미루지 말라!"

한혜경 교수의
은퇴 10년 전부터 준비해야 할 것들 2

먼저 너 자신을 사랑하라!

2013년 〈신동아〉의 논픽션 공모에서 최우수상을 받은 르포의 제목은 「男, 혼자 죽는다」였다. 이 충격적인 제목의 르포를 쓴 대학생들은 무연고 사망자 83명을 추적하여 취재한 결과, 무연고 사망자 중에 유독 남자가 많다는 사실을 알게 되었고, 그 이유가 한국 남자들이 지고 있는 과도한 경제적 부담, 사회적 압력 때문이라는 결론에 도달했다고 밝히고 있다. 실직이나 사업 실패 등으로 경제적 의무를 못 지게 된 남자들이 자신의 존재 가치를 잃으면서 체면이라도 지키려고 주위 사람들과 연락을 끊었다가 결국 무연고 사망에 이른다는 안타까운 얘기였다.

나는 조금 다른 결론을 내려보고 싶다. 과도한 경제적 부담, 사회적 압력도 문제지만, 더 심각한 건 남자들일수록 '자기 자신'을 사랑할 줄 모른다는 사실이라고. 자신을 소중히 여기고 사랑할 줄 모르기 때문에 인생의 크고 작은 어려움, 패배, 좌절 앞에서 너무 쉽게 무너지고, 자신을 내던지고 마는 것이라고.

〈USA투데이〉는 미국의 베이비붐 세대를 'Me세대Me Generation'로 정의했다. 가족이나 타인 중심의 삶을 사느라 정작 자기 자신을 위한 투자는 하지 못했다는 의미다. 우리나라 베이비붐 세대는 더 말할 것도 없다. '기러기 아빠'도 불사하는 현실이니까.

3, 40대인 당신은 어떠한가? 당신은 나 자신을 중심에 두는 'I'의 삶을 살고 있는가? 물론 젊을 때부터 'Me'의 삶을 거부하기란 쉽지 않다. 가족과 타인, 사회에 대해 의무를 다해야 한다는 인생의 과업 때문이다. 하지만 가족이나 타인의 요구는 다 들어주면서 정작 자기 자신을 사랑하고 돌보는 일에는 게으른 사람들을 보면 안타깝다 못해 화가 난다.

남들이 싫어할까봐 가족에게 상처 줄까봐 거절조차 못하는 당신. 자신의 감정을 잘 참아내고 인내하며 순응하는 데 익숙해져버린 당신. 타인이나 가족의 주파수에 자신을 맞추느라 자기 내면의 소리에는 귀 기울여본 적이 없는 당신. '원하는 게 뭔가?'라는 질문에 '잘 모르겠다' '생각해본 적 없다'라고 대답하는 당신.

이제는 남들이 뭐라고 하든, '나 스스로 진정으로 원하는 삶을 살고 있는가?'라고 질문하자. 자신의 내면이 시키는 대로 따라가자. 자신의 욕망에 충실하자.

인본주의적 심리학을 대표하는 칼 로저스Carl Rogers는 말년에 쓴 글을 통해 책임감이 강한 사람으로 살아가는 것도 중요하지만, 자신을 돌보는 데 죄책감을 느끼지 않는 것도 중요하다고 주장하면서 이렇게 쓰고 있다.

"나는 나를 좋아한다. (…) 내가 살아남기 위해서는 나 자신의 삶을 살 필요가 있다고 깨달았고, 비록 아내가 아프지만 내가 내 삶을 사는 것이 우선되어야 한다는 사실을 깨달았다."

스스로를 '돈 버는 기계'처럼 대하고, 자신의 몸을 혹사하면서 '대박'만을 좇는 건 '짧고 굵게' 살던 시대의 논리다. 100세 시대에 필요한 건 'I'의 삶이다. 자신을 소중히 여기고 돌볼 줄도 알아야 한다. 일과 월급을 통한 성과를 스스로에게도 돌리고, 자신이 진정으로 원하는 삶을 살라. '건강한 자기중심성'을 가지라. 자기 자신의 고유한 가치와 개성을 존중하고 사랑하라. 나만의 멋과 매력을 가꾸는 데에도 아낌없이 투자하라.

누가 나를 소중히 여겨줄까? 누가 나를 사랑해줄까? 바로 나 자신이다. 다른 사람을 사랑하기에 앞서 자기 자신을 먼저 사랑하라. 그래야 남들도 당신을 존중하고 사랑해준다.

3부

나와 가족의 간격이 이렇게 넓었다니

열세번째 후회

가족에게
좀더 당당한 모습을
보여줬더라면

"잃어버린 내 인생은 어디 가서 찾아야 할까요?
우리 가족이 다시 합쳐질 수 있을까요?"

'이기적'이라는 비난에 약한 남자들

"나랑 애들이랑은 여기서 잘 지내고 있으니까 걱정하지 말아요……. 당신은 여기 오지 말고 그냥 거기서 혼자 사세요. 우리가 따로따로 사는 게 우리 모두 행복할 수 있는 길이에요. 오래 고민한 결과 내린 결론이에요……."

12년째 '기러기 아빠' 생활을 해온 O씨(54세)가 호주에 있는 아내로부터 받은 이메일 내용이다. 다음 달 예정인 은퇴를 앞두고 가족들과 합칠 생각에 가슴 부풀어 있던 O씨의 충격은 이만저만이 아니었다. 회사에서 하던 일 마무리하랴, 그동안 혼자 살던 원룸 정리하랴, 지저분한 살림살이 정리하랴, 정신없이 바쁘던 터에 받은 이메일로 인해 O씨는 그야말로 '멘붕' 상태가 되고 말았다.

O씨는 지난 여름휴가 기간 동안 가족들과 함께 호주에서 지냈던 나날을 되짚어보았다. 아내와 이런저런 일로 의견 충돌이 많았던 것도 사실이고 아이들과도 내내 어색한 분위기에서 지냈던 것도 사실이다. 공항에서 자신과 끝내 눈을 맞추지 않던 아이들, 이번에 완전히 은퇴한다는 O씨의 말에 노골적으로 실망감을 표시하던 아내의 표정도 떠올랐다.

"그래도 그때는 단순하게 생각했어요. 매달 나오던 월급이 끊어지니까 당연히 아쉽고 걱정되겠지, 하고 무심히 지나쳤죠. 이런 메일이 오리라고는 꿈에도 상상하지 못했어요……."

O씨는 눈물까지 글썽거렸다.

"잃어버린 내 인생은 어디 가서 찾아야 할까요?"

이렇게 묻기도 했다.

"교수님. 우리 가족이 다시 합쳐질 수 있을까요?"

참 난감한 질문이었다. 솔직히 무슨 말을 어떻게 해야 할지 알 수 없었다.

나로서는, 혹시 이런 일이 있기 전부터 어떤 문제나 갈등이 있었던 건 아닌가, 하고 조심스럽게 질문하는 수밖에 다른 도리가 없었다.

O씨는 한참 생각하더니 대답했다.

"글쎄요. 전부터 아내가 저보고 이기적인 사람이라는 말을 자주 했어요."

"이기적이라고요?"

"예. 다른 집 가장은 가족을 위해서라면 도둑질이라도 할 정도로 희생적인데 저는 그렇지 않다는 거였죠."

"아, 다른 집 가장에 비해서 덜 희생한다는 점에서 이기적이라고 하는 거였군요. 그렇다면 O씨는 어떠세요, 본인도 자신이 이기적이라고 생각하세요?"

O씨는 잠시 생각에 잠기더니 대답했다.

"글쎄요……, 저는 그렇게 생각해본 적이 없어요. 친구들 사이에서도 항상 제가 양보하고 희생하는 편이거든요."

"그렇다면 '내가 어떤 점에서 이기적인가?'라고 자세히 물어야 하지 않았을까요?"

내 질문에 대해 O씨는 한참 동안 말이 없었다. 그리고 대답했다.

"글쎄요. 내가 정말 이기적인가, 혼란스럽기도 했고……. 아무튼 전 이기적이라는 말이 제일 듣기 싫었어요. 가족에 대한 책임감으로 이제껏 버텨왔는데……. 지금 생각해보니까 교수님 말씀처럼, 왜 그렇게 생각하는지 묻고 따져봤어야 했네요."

10년 넘게 기러기 아빠로 살면서 가족을 뒷바라지하고, 은퇴와 함께 가족으로부터 버림받을 처지에 놓인 상황에서도, '이기적'이라는 비난에 집착하면서 '내가 정말 이기적인가?'라고 고민하는 O씨가 너무 안타까웠다. 동시에, O씨가 가장 듣기 싫어하는 '이기적'이라는 단어를 협박처럼 사용하면서 가장에게 더 많은 희생을 요구해왔을 가족들도 딱하기는 마찬가지였다.

약간의 침묵이 흐른 후 나는 덧붙였다.

"그런데……, 저는 이기적이라는 게 항상 나쁜 것만은 아니라고 생각해요. 나한테 상처를 주는 사람들에게 맞서려면 어느 정도는 이기적이어야 하니까요."

O씨는 혼란스러운 듯 고개만 갸우뚱했다.

niner

niner

'미안아빠'로 살지 않았더라면

얼마 전에 현대자동차가 한국 소비자 3941명을 대상으로 실시한 설문조사 결과는 흥미로웠다. 자동차를 볼 때 떠올리는 단어로 미국인은 자유와 관능, 독일인은 성능, 일본인은 경제성을 떠올린 반면 우리나라 사람들은 43.2퍼센트가 '가족'을 떠올린다는 것이었다.

그만큼 우리나라 사람들은 가족을 중요시한다는 것. 특히 여자보다 남자들이 더 가족을 중요시하는 것으로 나타났다. 남자들이 안전하면서도 폼도 나는 큰 차를 선호하는 이유도 자기 자신의 만족감보다는 가족의 만족감을 중요시하기 때문이라고 한다. 즉 남자들은 차를 살 때도 개인의 욕구나 만족감을 선택의 기준으로 삼지 않는다. 자신의 우산으로 들어온 가족에게만큼은 1등급이 되고 싶은 게 남자라는 것이다. 이것이 바로 남자의 자존심이란다.

하지만 나는 우리나라 남자들이 가족 앞에서 너무 당당하지 못한 건 아닌가, 하는 의문이 들 때가 많다.

지난해 은퇴한 D씨(55세)의 말을 들어보자.

"지금 생각해보니까 가족한테 '미안해', 라는 말을 입에 달고 살았어요. 늦게 들어가서 미안해, 운동회에 못 가서 미안해, 출장 가서 미안해, 중학교 다니는 딸이 '미안아빠'라는 별명까지 지어주더군요."

가족을 위해 돈을 벌어다주면서도 미안해했으니, 은퇴한 후에는 더 미안할 수밖에 없었다. 가족들도 돈 못 벌어오는 가장이 미안해하는 건 당연하다고 여기는 것 같았다. D씨는 뒤늦게 후회가 된다고 했다.

"'미안해'라고 말하기 전에 나를 좀더 잘 설명해야 했어요."

"설명이라고요? 어떤 설명 말인가요?"

D씨가 대답했다.

"내가 무슨 일 때문에 늦게 들어가야만 하는지, 회사생활이라는 게 어떤 건지, 출장 가서는 무슨 일을 하는지, 등등에 대해서 좀더 자세히 설명했더라면……, 그랬더라면 가족들도 나를 조금은 더 이해할 수 있었겠죠. 존경까지는 아니더라도 아빠도 참 힘든 일이 많구나, 우리를 위해 참 열심히 사는구나, 라고 생각하지 않았을까요?"

"정말 그렇겠네요."

D씨는 덧붙였다.

"그런데……, 그렇게 하기 위해서는 나 스스로도 나 자신과 내 일에 대해 자부심을 가졌어야 했다는 생각도 이제야 하게 되었어요. 이런 걸 진작 알았어야 했는데……."

그저 '최선을 다할게'라고 말하라

대한민국의 젊은 가장들에게 말하고 싶다. 가족에게 책임감을 가지는 건 좋은 일이다. 하지만 과도한 책임감은 좋지 않다. 과도한 책임감은 자신의 인생을 통째로 가족에게 던지고도 가족을 실망시켰다는 죄책감을 갖게 하는 그런 것이다. '미안해'라는 말을 남발하게 만들지만, '고맙다'라는 말은 돌아오지 않는 그런 관계를 만들기 십상이다.

혹시 가족들이 요구하지 않는데도 스스로 과도한 책임감을 가지고 있는 건 아닌가, 한번 자문해보라.

피차 비현실적인 기대를 갖지 않도록 "최선을 다할게"라고 말하라. 그리고 실제로 최선을 다하면 된다. 당신이 통제할 수 없는 모든 문제를 스스로 떠맡지 말라. 무엇보다 당신 자신을 중심에 두라. 내가 건강하고 행복해야 가족도 건강하고 행복할 수 있으니까.

열네번째 후회

자식에 대한 투자, 상한선을 정했더라면

"지금 생각하면, 교육비를 꼭 그렇게 많이 써야 했나 싶어요.
애들도 중요하지만 나 자신에 대한 투자,
부부의 노후 준비도 중요하니까요. 그러다보니 지금 와선
섭섭한 것도 많고……. 막상 우리 부부의 노후가 걱정이네요."

쿨하지 못한 요즘 아이들

Q씨(58세)는 은퇴한 후에 가족과 사이좋게 지내리라고 다짐했다. 아내도 그렇지만 특히 아이들과 대화도 많이 나누고 운동도 다니면서 부자간, 부녀간 정을 나누고 싶었다. 평생 집에서는 '잠만 자는 아빠'였던 것에 대한 미안함을 보상하고 싶었다.

"그런데 아이들 하는 꼴을 보아하니 벌써부터 싹수가 노랗네요."

갈등은 Q씨 부부가 은퇴여행을 다녀오려는 계획을 짜면서부터 시작됐다. 평생 처음으로 부부 해외여행을 떠나겠다는 말에 아이들 표정이 쌜쭉해지는 것이었다. 마치 자기들 돈이나 쓰는 듯한 표정이었다. 딸이 얄밉게 말했다고 한다.

"요즘 같은 불경기에 뭐 그렇게 비싼 여행을 하려고 그래? 가까운 제주도나 다녀오시지."

Q씨는 기가 딱 막혔다고 했다.

"그건 딸이 유럽에 배낭여행 가겠다고 돈 달라고 졸랐을 때 제가 한 말이거든요. 아들은 아들대로, '중고차 하나 사달라고 할 때는 돈 없다고 하더니 무슨 유럽여행이에요?'라고 볼멘소리를 하더군요. 나 참 기가 막혀서……."

Q씨는 여행을 하면서도 내내 기분이 좋지 않았다고 한다. 하지만 그건 하나의 시작에 불과했다. 돈을 둘러싼 자식들과의 갈등과 신경

전, 줄다리기는 점점 더 커지고 있다. 결혼까지는 시켜야 한다는 생각만으로도 지옥에라도 도망가고 싶을 정도라고 말했다.

Q씨는 요즘 아이들을 이해할 수 없다고 했다.

"애들한테, '그보다는 이게 좋지 않은가?'라고 한마디 거들라치면 눈에 불을 켜고 대들어요. 내 인생 내가 알아서 하겠다는 거죠. 그러면 제가 말하죠. 그래 너희들 인생이니 너희가 알아서 해라."

"쿨한 아빠시네요."

"아, 저야 쿨하죠. 아니 쿨하고 싶죠. 문제는 아이들이 쿨하지 않다는 거예요."

"아이들이 쿨하지 않다고요?"

Q씨의 말은 계속됐다.

"쿨하려면 앞뒤가 다 쿨해야 하는 것 아닙니까? 내 인생 내가 알아서 하겠다고 큰소리치려면 돈 문제도 다 알아서 해야 하는 것 아닙니까? 그런데, '간섭은 마라, 하지만 돈은 달라'고 하니, 도대체 이게 말이 됩니까?"

그는 특유의 경상도 억양을 넣어 "이게 말이 됩니까?"를 여러 번 반복했다.

"그런데 사실 생각해보면 이게 다 내 탓이에요. 그동안 너무 많은 걸 해줬으니까요. 이제 와서 후회해봤자 무슨 소용 있겠어요."

Q씨처럼 자식과 갈등을 겪는 은퇴자가 한둘이 아니다. 행복한 은

퇴생활의 가장 큰 걸림돌이 자식이라는 말도 있을 정도니까 말이다. 자녀로부터 '협박' 수준을 넘어서 '경제적 학대'를 받고 있는 사람들도 늘고 있다. 예전의 경제적 학대가 아무것도 가진 것 없는 빈곤층의 자녀들이 부모를 부양하지 않고 방임하는 것이었다면, 최근의 경제적 학대는 모든 계층에서 일어날 수 있고, 또 일어나고 있다는 것이 나의 판단이다.

그뿐인가. 최근 들어 경제상황이 어려워지면서 나이가 차도 독립하지 않고 부모에게 얹혀사는 '캥거루족'도 늘고 있고, 부모에 대한 패륜범죄마저 증가하는 추세다. 정말 걱정이 아닐 수 없다.

자식에 대한 투자, 어느 정도가 적당할까?

그렇다면 자식에 대한 투자는 어느 정도로 해야 할까? 이 물음에 대해 한마디로 대답하기란 쉽지 않다. 바로 여기서부터 부모들의 고민이 시작되는 것이다. 내가 만나 인터뷰했던 은퇴자들도 하나같이 자식에게 너무 많은 걸 투자했다는 점을 지적하고 후회했지만, 어느 정도가 적정한 투자인지를 말하기는 어렵다고 했다.

그런데 최근에 만났던 66세의 B씨는 이 문제에 대해 비교적 명확한 답을 제시했다. 아들 셋을 성공적으로 키우고 독립시킨 B씨의 말이라 설득력이 있다고 생각되어 소개하고자 한다.

B씨 부부 역시 자녀를 위해 자신들의 모든 것을 투자했다고 한다. B씨의 아내는 임신과 육아기에도 꿋꿋하게 버텼던 직장마저 그만두고 아이들의 입시 전문가 역할을 도맡았고, B씨도 바쁜 틈을 내서 아들 셋의 영어와 수학을 도맡아 가르치는 등 자녀교육에 열성을 다 바쳤다. 다행히 아들 셋은 모두 잘 자라서 독립해 잘살고 있다고 한다.

하지만 B씨는 말했다.

"요즘 자꾸 과거를 돌아보게 되는데, 자식에 대해서도 그래요. 한때는 자식이 내 인생의 전부인 것처럼 생각한 적도 있었지만 이제 와서 보니까, 자기성취와 자식을 통한 대리만족은 엄연히 달라요. 지나놓고 보니 자식이 주는 기쁨은 내가 투자한 것에 비하면 한 10분의 2 정도나 될까요?"

"그렇군요……, 20퍼센트 정도……. 정말 그것밖에 안 될까요?"

나의 질문에 대해 B씨가 대답했다.

"난 그래도 많이 잡은 편이에요. 우리 마누라는 애들 키우고 장가 보내느라 얼마나 힘들었는지 요즘도 매일 몸이 아프다고 해요."

내가 물었다.

"그렇다면 자식한테 어느 정도나 투자하는 것이 적당할까요?"

B씨는 '그건 참 어려운 질문'이라면서도 대답했다.

"애들이 어릴 땐 어쩔 수 없지만, 그냥 통틀어 얘기한다면, 내가 가진 것의 50퍼센트를 넘지 않아야 한다고 생각해요. 특히 지금 생각하면, 교육비를 꼭 그렇게 많이 써야 했나 싶어요. 애들도 중요하지만 나 자신에 대한 투자, 부부의 노후 준비도 중요하니까요. 그러다보니 지금 와선 섭섭한 것도 많고……. 막상 우리 부부의 노후가 걱정이네요."

스칸디 대디도 좋지만, 아빠들도 쉬어야 한다

나는 B씨에게 요즘 유행하는 '스칸디 대디Scandi daddy(육아에 적극 참여하며 자녀와 최대한 많은 시간을 함께 보내고 교감하는 북유럽 아빠들을 통칭하는 말)'에 대해 어떻게 생각하는지 질문했다. 사실 질문하면서도 60대 중반인 B씨가 '스칸디 대디'라는 단어를 알까, 하고 걱정이 되었다. 하지만 B씨는 곧바로 대답했다.

"사실 내 아들들도 하나같이 스칸디 대디예요. 애들하고 놀아주고 캠핑 다니느라고 정신없습디다."

다행히도, B씨는 스칸디 대디에 대해 정확하게 알고 있었다. 내가 말했다.

"아, 예. 아들들도 아버지를 닮은 모양이네요."

그러나 나의 덕담에도 불구하고 B씨의 표정은 그리 밝지 않았다.

"글쎄요. 그런 면도 있겠지요. 하지만 나는 스칸디 대디가 되려고

애쓰는 아들들이 안쓰럽고 어리석게 보여요."

"어떤 면에서 그렇게 생각하시죠?"

"잘 아시겠지만, 우리나라와 스칸디나비아 국가는 달라도 너무 달라요. 한마디로 거기는 요즘 제일 잘나가는 복지국가 아닙니까? 그런 나라에서 좋은 아빠 노릇하는 건 누워서 떡먹기겠죠. 육아휴직제나 육아보조금 같은 제도도 잘 갖춰져 있고……."

B씨는 사회복지를 전공한 나보다도 스칸디나비아 국가들에 대해 더 많이 알고 있는 듯했다. B씨의 말은 계속되었다.

"하지만 돈보다 더 중요한 건, 바로 시간이죠. 우리나라 아빠들이 스칸디 대디가 되려면 무엇보다 시간이 많아야 해요. 야근도 많고, 파김치가 다 되어 들어오는 아빠들한테 너무 많은 걸 기대해서는 안 되죠."

"정말 그렇게 볼 수도 있겠네요."

B씨의 말은 계속되었다.

"환경도 문제예요. 스칸디나비아 국가들이야 캠핑할 곳이 널려 있지만, 우리나라는 어디 그렇습니까? 교통체증도 심하고요."

B씨의 지적은 구구절절 옳고 또 날카로웠다. 그리고 결론까지 명확하게 맺었다.

"내 아들들뿐 아니라 모든 아빠들이 다 마찬가지죠. 아빠들도 쉬어야 하고, 자기 자신에 대해 생각해볼 수 있는 시간도 가져야 합니다. 그러지 않으면 나중에 후회해요."

인생이 만만치 않다는 걸 가르치라

요즘 신세대 아빠들을 보고 있노라면, '아 드디어 남자들도 부성 본능을 발견했구나!' 하고 감탄하게 된다. 새로운 문화적 변화의 한 측면이랄까, 일밖에 몰랐던 예전 아버지들에 비하면 자녀양육이라는 새로운 분야에서 보람을 찾는 신세대 아빠들이 훨씬 바람직해 보이는 것도 사실이다.

하지만 요즘 젊은 아빠들이 잊지 말아야 할 것이 있다. 그건 바로 자녀에게 인생의 참모습도 함께 가르쳐야 한다는 점이다. 세상은 만만치 않다. 부모가 아무리 많은 걸 해준다 해도 자식은 '저 험한 세상'으로 나아가야 하는 존재다.

그렇다면, 인생이란 원래 모든 것을 가질 수 없는 것이라는 점을 가르쳐야 하지 않을까? 부모라고 해서 모든 것을 다 해줄 수 없다는 것도 알려줘야 한다. 부모가 해줄 수 있는 상한선을 명확히 말해줘야 한다. 그래야 아이도 제 살길을 찾기 위해 노력할 것이 아닌가.

그렇다, 사랑은 깊은 데로 가서 그물을 치는 것이다.

열다섯번째 후회

아내와 함께 노는 '기회'를 놓치지 않았더라면

"예전에는 중년 남자들이 이런 불평을 많이 했죠. '나는 성장했는데 아내는 그대로다. 그래서 아내와는 말도 잘 안 통하고 재미가 없다.' 그런데 요즘엔 상황이 정반대로 바뀌고 있다니까요."

"정반대라면……?"

"여자들이 이렇게 불평하는 거죠. '변화를 싫어하는 남자들, 정말 답답해서 못살겠다'고."

금성에서 와서 화성으로 가버린 사람, 아내

은퇴남들에게 가장 중요한 사람, 그러나 이미 너무 멀어진 사람, 어느새 '다른 별'로 떠나가버린 사람, 그의 이름은 바로 '아내'다.

S씨(56세)의 말이다.

"창문 닫을 때도 눈치를 봐야 하죠. 오늘 마누라의 기분이 어떠신지? 잘못하면 온 집안이 떠나가게 소리를 지른다니까요."

웬 창문? 그리고 웬 눈치? 의아해하는 내게 S씨가 덧붙였다.

"내가 전에 없이 추위를 타거든요. 그런데 젊었을 때 그렇게 추위를 잘 타던 집사람은 덥다고 창문을 다 열고 살아요. 영하의 날씨가 아니면 난방 스위치를 켜지도 않는다니까요. 이것 참……, 기가 막혀서. 그러니 창문 닫는 게 내 일이죠."

내가 웃는 걸 보곤 S씨가 물었다.

"교수님은 어떻게 생각하세요? 요즘 여자들 너무 심한 거 아닌가요? 매사에 적극적이 된 것까지는 좋은데 너무 공격적이에요. 목소리는 또 얼마나 큰지……. 정말이지 무서워 죽겠어요."

이런 식으로 얘기하는 남자들이 부쩍 늘었다. 나이와 함께 남녀가 서로 다른 방향으로 변화하기 때문이다. 즉 나이가 들수록 남자들은 여성적인 특징을 드러내고 내면의 세계에 관심을 갖게 되지만, 여자들은 이와 반대로 남성적인 자질을 드러내고 바깥으로 향하는 것이다. 성격도 변한다. 남자들은 친밀성, 의존성, 관계지향성이 증가하는 반면 여자들은 공격성, 자기주장, 자기중심성, 권위주의 성향이 상대적으로 높아진다.

이 같은 변화의 원인에 대해서는 여러 가지 주장이 있지만, 현재로서는 '호르몬의 변화' 때문이라는 설이 가장 유력하다.

하지만 호르몬의 변화 때문이기만 할까? 얼마 전에 만난 부부상담 전문가 J씨의 말이다.

"정말이지 많은 것이 변하고 있어요. 특히 사회와 함께 가족도 엄청 빨리 변하고 있는데, 문제는 이런 '변화'에 대한 남녀의 인식이나 대처 방식에 너무 큰 차이가 있다는 점이죠."

내가 물었다.

"변화에 대해 남녀가 다르게 반응한다는 말씀이군요?"

"그래요. 달라도 너무 다르죠. 예를 하나 들어볼까요? 예전에는 중년 남자들이 이런 불평을 많이 했죠. '나는 성장했는데 아내는 그대로다. 그래서 아내와는 말도 잘 안 통하고 재미가 없다.' 그런데 요즘엔 상황이 정반대로 바뀌고 있다니까요."

"정반대라면……?"

"여자들이 이렇게 불평하는 거죠. '변화를 싫어하는 남자들, 정말 답답해서 못살겠다'고."

J씨는 부부간의 성적인 관계도 많이 변화하고 있다고 말했다.

"한 10년 전만 해도 섹스를 거부하는 건 주로 아내들이었죠. 남편에게 불만이 있거나 무시당했다고 느끼는 아내들이 최후의 수단으로 사용하는 것이 섹스 거부였잖아요. 이제는 정반대라니까요."

"그렇다면……, 요즘엔 남편들이 성관계를 거부한다는 뜻인가요?"

"예. 그런 남자들이 많아지고 있어요. 아내에 대해서 갖고 있는 적개심이나 분노를 섹스 거부로 표현하는 셈이죠. 성적인 관심이나 애정을 표현하지 않음으로써 일종의 복수를 한다고나 할까요?"

"정말 흥미로운 변화네요."

"글쎄요, 흥미롭다고 해야 할지 심각하다고 해야 할지 모르겠지만, 아무튼 얼마 전까지만 해도 부부관계에서 성적인 욕망이 사라졌다고 불평하는 쪽이 대부분 남자였는데, 이제는 오히려 여자들이 불평한다니까요."

어디 그뿐인가. 이미 다 알다시피 이혼도 여자들이 주도하는 세상이 되었다. 20년 넘게 결혼생활을 한 부부의 이혼이 결혼 4년 이내에 이혼하는 '신혼 이혼'보다 훨씬 많아지고 있을 뿐 아니라, '내일 죽어도 남은 인생을 하루라도 편하게 살고 싶다'고 말하는 아내들이 늘고 있는 것이다.

부부가 함께 놀 수 있는 '기회'를 놓치지 마라

인생 60년 시대에는 부부가 함께 사는 기간도 길지 않았다. 그래서 은퇴 후에 부부가 "당신, 이런 사람이었어?"라고 소리치며 놀랄 기회도 많지 않았고, 또 설사 놀란다 해도 길고 지루한 싸움으로 이어지기 전에 한쪽(주로 남자)이 사망해버리기 일쑤였다.

하지만 100세 시대는 달라도 한참 다르다.

문제는 아내가, 언제 날아가버릴지 알 수 없는 '낯익은 타인'이 되고 말았다는 사실이다. 자, 이제 어떻게 할 것인가?

미리미리 부부관계를 점검해야 한다. 가장 가까이에 있는 잔디부터 살펴보라. 당신의 스프링클러가 정원의 먼 부분에 있는 잔디에는 물을 공급하지만, 정작 수원水源으로부터 가장 가까운 잔디는 누렇게 변하도록 내버려두고 있지는 않은지, 미리미리 점검하라.

또 한 가지. 누군가와 오래 친하게 지낼 수 있는 방법은 함께 노는 '기회'를 많이 가지는 것이다. 그러니 부부가 함께 놀 수 있는 기회를 놓치지 말라.

이탈리아 북부 토리노박물관에는 기회의 신 카이로스의 조각상이 놓여 있다. 조각상을 앞에서 살펴보면 우람한 근육질에 머리숱도 많지만 뒤에서 보면 머리카락 한 올 없는 대머리다. 카이로스가 이런 희한한 모습을 하고 있는 이유가 무엇인지 아는가?

그 이유는 그리스에 있는 카이로스 석상에 적혀 있다.

내 앞머리가 무성한 이유는 사람들이 나를 쉽게 붙잡을 수 있도록 하기 위함이고, 뒷머리가 대머리인 이유는 내가 지나가면 다시 붙잡지 못하도록 하기 위함이며, 어깨와 발뒤꿈치에 날개가 달려 있는 이유는 최대한 빨리 사라지기 위함이다. 내 이름은 카이로스 (…) 바로 기회다.

젊을 때부터 미리미리 노력해야 한다. '카이로스의 앞머리가 무성했을 때 함께 놀았어야 했는데, 그랬더라면 대머리가 된 지금도 함께 놀 수 있었을 텐데……'라고 후회하지 않도록.

열여섯번째 후회

물질보다
경험을 더 많이
소비했더라면

“요즘 문득 그런 생각이 드는 거예요.
내가 그동안 너무 돈, 돈 하며 삭막하게 살아온 건 아닐까, 죽을 때 떠오르지도 않을 그런 것들보다는 죽을 때까지도 떠오를 그런 아름다운 추억을 많이 가졌더라면 좋았겠다…….
이런 생각을요.”

죽을 때 어떤 광경이 떠오를까?

T씨(57세)와는 이야기가 자꾸 엇나가는 기분이었다. '은퇴'와 '후회'에 관해 얘기하려 하는데, 화제는 자꾸 '죽음'에 관한 것으로 흘러갔다. 그뿐만이 아니었다. 내가 T씨에게 질문을 던져야 함에도 불구하고 T씨가 질문을 하고 내가 대답해야 하는 처지가 되기 일쑤였다.

그래서 T씨가 다음과 같이 물었을 때 나는 당황스러웠다.

"교수님은 죽을 때 어떤 광경이 떠오를 것 같으세요?"

죽을 때 어떤 광경이 떠오를 것 같으냐고? 글쎄, 그런 생각은 별로 해보지 않았다. 죽는 순간 어떤 광경이 떠오르기는 할까?

하지만 왠지 중요한 질문인 것 같았다. 나는 스스로에게 물었다. 내가 잘했던 일이나 내 능력을 인정받았던 그런 순간들이 떠오를까? 아니면, 내가 여행했던 멋진 도시들? 런던, 파리, 뉴욕의 어느 멋진 거리 모습이 생각날까?

아닐 것 같았다. 그런 건 하나도 떠오르지 않을 것이다. 그렇다면?

한참 만에 내가 대답했다.

"자연의 어떤 이미지가 떠오를 것 같아요. 그렇다고 대단한 광경은 아니고요. 흔히 볼 수 있는, 추수가 끝난 가을 들판이라든가 돌아가신 어머니의 한복 치마 색깔처럼 붉게 지던 노을, 하얗게 흘러가던 강물 같은 것들이요."

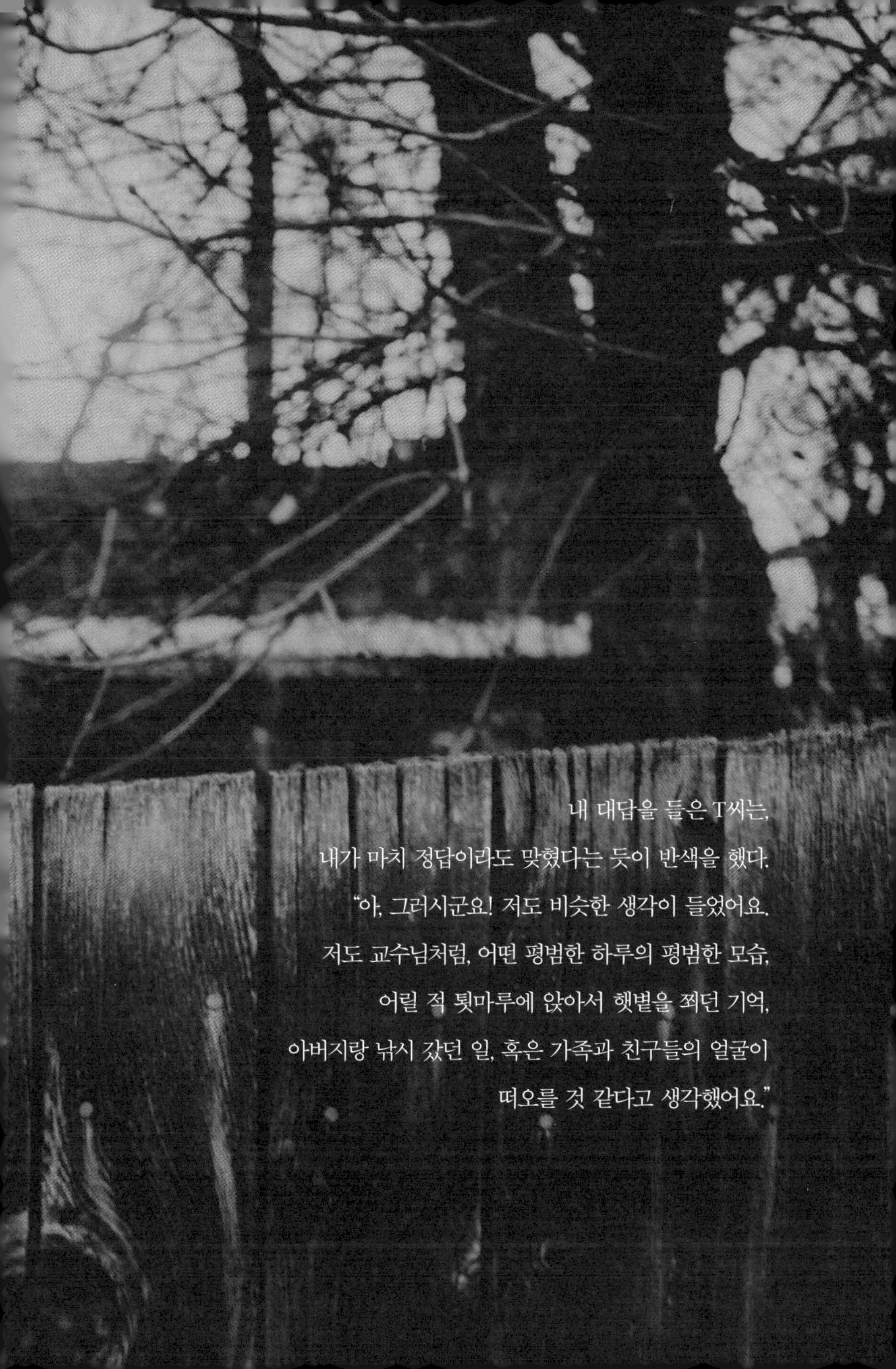

내 대답을 들은 T씨는,
내가 마치 정답이라도 맞혔다는 듯이 반색을 했다.
"아, 그러시군요! 저도 비슷한 생각이 들었어요.
저도 교수님처럼, 어떤 평범한 하루의 평범한 모습,
어릴 적 툇마루에 앉아서 햇볕을 쬐던 기억,
아버지랑 낚시 갔던 일, 혹은 가족과 친구들의 얼굴이
떠오를 것 같다고 생각했어요."

"아, 그러세요? 비슷하군요."

신기하다면 신기한 일이었다. 하지만 나는 궁금했다.

"그런데 T씨는 왜 그런 생각을 하게 되었나요? 죽을 때 어떤 광경이 떠오를까, 하는 생각을요."

"아, 예, 은퇴하고 나서 시간이 많아져서 그런가 봐요. 전에 하지 않던 생각을 많이 하게 되는군요. 얼마 전에도 불쑥 그런 생각이 드는 거예요. 내가 행복하다고 생각했던 것들이 정말 행복했던 걸까? 아파트 평수 늘리면서 뿌듯했던 마음, 동료를 제치고 승진했을 때의 짜릿함, 남들한테 으스대고 자랑하고 싶은 기분, 뭐 이런 것들 말이에요."

T씨는 이번에도 또 질문을 던졌다.

"생각해보세요. 죽을 때 경쟁에서 이겼던 순간을 떠올리면서 미소 짓는 사람도 있을까요? 그런 기억은 전생의 일처럼 아득하게 느껴질 텐데 말이에요. 은퇴한 지 얼마 되지도 않았는데 벌써 이러니, 죽을 때쯤 되면 깡그리 잊어버리겠죠?"

나는 더 궁금해졌다.

"T씨는 요즘 글, 아니 시를 쓰시나봐요. 어떻게 그런 생각을……? 평소에도 죽음에 관해 많이 생각하시나요?"

T씨는 대답했다.

"아니요. 죽음에 대한 생각이라기보다는…… 요즘 문득 그런 생각이 드는 거예요. 내가 그동안 너무 돈, 돈 하며 삭막하게 살아온 건 아닐까, 죽을 때 떠오르지도 않을 그런 것들보다는 죽을 때까지도 떠오를 그런 아름다운 추억을 많이 가졌더라면 좋았겠다……. 이런 생각을요."

두고두고 기억에 남을 추억을 쌓았더라면

T씨의 말은 한마디 한마디가 가슴에 와닿았다. 제프 딕슨Geoff Dixon이 인터넷에 올린 '우리 시대의 역설The paradox of our time'이라는 글도 떠올랐다.

"우리 시대의 역설은 이것이다. 소비는 많아졌지만 더 가난해지고, 더 많은 물건을 사지만 기쁨은 줄어들었다. 가진 것은 몇 배가 되었지만 가치는 더 줄어들었다."

T씨의 자기반성과 후회는 길게 이어졌다.

"가만히 생각해보니까, 그동안 너무 물질에 집착하는 생활을 했어요. 아파트 평수 늘리는 재미로 살았으니까. 결혼해서 지금까지 이사를 한 열 번쯤 했는데 이사할 때마다 아파트가 커진다는 게 얼마나 신기하고 기분 좋던지, 그때는 그게 행복인 줄 알았어요."

"지금은 행복하지 않다는 말씀인가요?"

"예. 제가 40평대 아파트에 살고 있는데, 아파트 값이 많이 떨어졌죠. 요즘 고민이 많아요. 이제는 아파트가 너무 크기도 하고 또 아이들 결혼자금도 마련해야 하고 해서 아파트를 팔려고 하는데 도대체 팔리지가 않는 거예요."

"아, 예……."

"이렇게 말년에 아파트 때문에 발목이 잡힐 줄 누가 알았겠습니까?"

T씨는 덧붙였다.

"생각해보면 참 어리석었어요. 큰 아파트 마련하느라 식구들끼리 오붓하게 여행 한번 못했거든요. 집사람하고도 마찬가지예요. 부부끼리 해외여행 한번 못 한 집은 아마 우리 집뿐일 겁니다."

"……."

"이렇게 늙어간다는 게 참 안타까워요. 만약에 그 시절로 다시 돌아간다면, 아파트 평수 늘리는 것보다는 식구들하고 죽을 때까지 기억에 남을 추억을 쌓는 데 돈과 시간을 쓰겠어요."

물질보다 경험을 소비하라

'돈을 얼마나 가졌느냐'보다 '돈을 어떻게 쓰느냐'가 중요하다는 건 누구나 다 아는 얘기다. 그런데 최근의 많은 연구들은 '물질'이 아닌

'경험'을 소비할 때 훨씬 행복하다고 주장한다. 경험적 소비는 사람들과의 관계 속에서 이뤄지기 때문에 누군가와 영화를 보거나 여행을 하면서 즐거웠던 기억이 오래도록 남는 반면 물건을 소유하기 위한 소비는 한순간 반짝이는 행복감만을 안겨준다는 것이다. 예를 들어 갖고 싶었던 시계를 사면 며칠은 행복하지만 그 기쁨이 한 달, 두 달 계속되지 않는 반면 여행을 다녀온 사람은 오래오래 그 추억을 음미하면서 즐길 수 있는 것이다.

경험적 소비가 더 행복한 이유는 또 있다. 경험적 소비가 주는 만족감은 나만의 것이기 때문에 남들의 것과 비교하기가 쉽지 않다. 예를 들어 내가 아무리 좋은 시계를 샀다 한들 더 좋은 시계, 더 비싼 시계를 가진 사람과의 비교는 피할 수 없다. 하지만 경험적 소비가 주는 만족감은 직접적으로 비교하기가 어렵다. 생각해보라. 제주도로 여행을 다녀온 사람의 행복감과 경주에 다녀온 사람의 행복감을 무엇으로 비교할 수 있겠는가. 여행뿐일까? 좋은 책 한 권을 읽었을 때의 기쁨과 감동적인 영화 한 편을 본 사람의 행복감을 어떻게 비교할 수 있을까.

흐릿하고 완벽하지 못한 기억력도 경험적 소비의 행복감을 더해준다. 너무나 고달프고 힘들어서 "이런 거 다시는 하나 봐라" 하며 별렀던 어떤 순간이 문득 아름답게, 소중하게 떠오를 때가 있다. 힘들었던 기억일랑 까맣게 잊어버린 채 "아, 그때 참 좋았지" 하며 혼자 중얼거릴 때가 있다.

알랭 드 보통은 말한다. 진짜 부유한 사람은 돈이 많은 사람이 아니라 밤하늘 별 아래에서 경이로움에 소름이 돋는 사람이라고. 인생의 풍요로움이란 결국 감수성과 감성에서 나온다는 이야기다.

행복하고 싶은가? 삶을 풍요롭게 만들고 싶은가? 그렇다면 물질보다 경험을 소비하라.

열일곱번째 후회

감정을 전하는 법을 미리 배웠더라면

"그러고 보면 식구들이야말로 나를 잘 모르는 것 같아요. 나를 아직도 젊을 때의 그 자신만만하던 사람으로 생각하는 모양인데, 사실은 그렇지가 않거든요. 어떤 때는, '제발, 내 맘도 좀 알아줘!' 하고 비명이라도 지르고 싶어요."

가족과의 의사소통, 왜 이렇게 힘든 걸까?

K씨(54세)의 가장 큰 고민은 가족과의 소통 문제에 있었다. 은퇴 후에 가족과 잘 지내려고 결심했는데 사이가 좋아지기는커녕 점점 더 나빠지는 것 같아서 고민이라고 했다.

K씨는 자신에게도 문제가 있는 것 같다는 말부터 시작했다. 오래 전부터 아내가 걸핏하면 "내가 당신 회사의 부하 직원이야? 왜 걸핏하면 나를 야단치는 거야?" 하고 소리쳤고, 아이들은 아이들대로 "아빠는 이중인격자야. 남들 대할 때와 식구들 대할 때가 너무 달라"라며 비판했다는 것이다.

그래도 은퇴하기 전에는 식구들이 뭐라고 하든지 간에 크게 신경 쓰지 않았다. 내심 '내가 너희들 먹여 살리는 사람인데, 그만한 단점도 없으리? 딴 집들 봐라. 나만한 가장도 없을 테니……'라는 심정이었던 것이다.

그런데 은퇴한 후부터는 사소한 일에도 섭섭해지고 감정이 격해지기 시작했다. 사회생활을 할 때보다 더 '분노 조절'이 안 되는 느낌이었다. 처음에는 은퇴 후에 느끼는 소외감 때문이겠지, 라고 생각했지만, 집안에서 느끼는 소외감은 더 심각했다.

'어떤 때 소외감을 느끼는가?'라는 나의 질문에 대해 K씨가 대답했다.

"나를 제쳐둔 채 와이프와 아이들이 속닥거릴 때마다, 남자 체면에 일일이 화낼 수도 없고, 속이 터져요. 자기들끼리 모든 걸 결정하고는 나한테는 통보만 하는 식이죠. 그게 다 내가 번 돈인데, 나만 쏙 빼놓는다니까요."

나는 궁금해졌다. 은퇴하기 전에는 어땠을까? 그때는 모든 걸 같이 결정했을까? 내 질문에 K씨가 대답했다.

"아, 물론 그전에도 나만 쏙 빠지긴 했죠. 나야 워낙 바빴고……. 또 아무래도 시시콜콜한 집안일에 일일이 참견할 수도 없었으니까요."

"그렇다면, 가족들은 별로 변한 게 없는데, K씨가, 아니 K씨의 마음이 바뀌신 거네요."

"아, 그게 그렇게 되나요?"

사실, 가족 간의 의사소통 패턴은 하루아침에 만들어지는 것이 아니다. 오랜 세월을 거쳐 굳어지는 것이다. K씨의 경우도 마찬가지다. 전에는 무심히 넘기던 일들에 대해 더 섭섭해하고 소외감을 느끼는 건 그 자신의 감정이 그만큼 변했다는 걸 의미한다.

남자도 사랑받고 싶다! 감정을 표현하라!

문제는 이럴 때일수록 자신의 감정을 차근차근 설명하고 표현해야 하는데, 이게 쉽지 않다는 점이다. K씨도 그랬다. 정작 자신이 하고 싶었던 말은 하지 못하고 엉뚱한 데서 감정이 폭발하고 마는 일이 반복되기 일쑤였다.

엊그제도 그런 일이 벌어졌다고 했다. 저녁 7시쯤, 외출하고 돌아와 보니 식구들이 모두 저녁식사를 마친 참이었다. 배가 출출했던 K씨가 라면이라도 끓여달라고 하자 아내는 비웃는 듯한 표정으로 "라면 정도는 직접 끓여 드시지" 하고는 방으로 휙 들어가버렸다. 순간 K씨는 화가 머리끝까지 솟구쳤다.

"'야, 이 배신자들아! 배은망덕한 것들아! 니들이 나한테 이럴 수 있어?' 이렇게 소리쳤어요. 식구들은 처음엔 모두 놀라다가 나중엔 어처구니없다는 표정을 짓더군요. 사실 내가 생각해도 어이가 없었어요. 라면 하나 때문에 이게 뭔가, 스스로 생각해도 창피하기도 하고, 자괴감이 들더군요."

이것이 바로 '감정의 물병 원칙'이다. 꾹꾹 눌러왔던 감정이 어느 순간 물 한 방울과 같은 사소한 일 때문에 폭발해버리는 것이다.

문제는 이런 식의 감정 폭발은 가족 간의 소통을 점점 더 힘들게 한다는 점이다. 가족 사이에 불필요한 죄책감이나 저항감을 불러일으키며, 환멸을 불러일으키고 고립을 자초하기도 한다. 그뿐인가. 때로는 이혼이나 폭력, 가정파괴로 이어지기도 한다.

내가 질문했다.

"그때, K씨가 마음으로 정말 하고 싶었던 이야기는 무엇이었을까요? 그렇게까지 화를 내면서 진짜 말하고 싶었던 속마음 말이에요."

K씨는 잠깐 생각하더니 대답했다.

"글쎄요……. 그렇게 해서라도 식구들의 관심을 끌고 싶었던 게 아닐까요? 사실 남자들도 사랑받고 싶거든요. 위로도 받고 싶고요."

그는 덧붙였다.

"그러고 보면 식구들이야말로 나를 잘 모르는 것 같아요. 나를 아직도 젊을 때의 그 자신만만하던 사람으로 생각하는 모양인데, 사실은 그렇지가 않거든요. 어떤 때는, '제발, 내 맘도 좀 알아줘!' 하고 비명이라도 지르고 싶어요."

K씨의 말을 들으면서 남자들 또한 얼마나 가족으로부터 이해받고 사랑받고 싶어하는지를 새삼 느낄 수 있었다. 가족 간 소통이 시급한 이유이기도 하다.

하지만 안타까운 건 남자들일수록 '가족이니까' 일일이 표현하지 않아도 자신의 마음을 알아줘야 한다고 착각하고 있거나 혹은 자신의 감정을 표현하는 방법을 모른다는 점이다. 표현하지 않는 마음을 알아줄 가족이란 이 세상 어디에도 없는데 말이다.

자신의 감정을 정확히 아는 것부터 시작하라

가족과의 의사소통을 잘하기 위해서는 먼저, 자신의 감정이 어떤 상태인지를 정확히 알아야 한다. '내가 화가 났나?' '뭔가를 두려워하고 있나?' '걱정스러운가?' '우울한가?'에 대해 자문하고 답해봐야 하는 것이다.

문제는 이게 쉽지 않다는 것이다. 특히 남자들일수록 속상하거나 불안한 감정을 받아들이지 못하고 자신을 속이는 경우가 많이 있다.

이에 대해 K씨는 흥미로운 이야기를 했다.

"우리 남자들은 여자한테는 절대 솔직해서는 안 된다는 신념을 가지고 있어요."

"신념……씩이나요?"

K씨가 대답했다.

"남자라면 모두 비슷한 경험 몇 개쯤은 가지고 있을걸요. 아내가 '뭐든지 솔직하게 얘기해보라'고 해서 솔직하게 얘기했다가 '어머, 어쩌면 그럴 수가 있어, 말도 안 돼!'라고 화를 내는 바람에 내가 한 얘기를 주워 담을 수도 없고 황당했던 경험 말이죠."

하지만 좀더 생각해보라. 솔직하게 말하지 않을 경우 피해자는 누구일까? 가족 안에서는 더 그렇다. 가족이기 때문에 더욱더 감정에 솔직해져야 한다. 싫어도 좋은 척, 대범한 척, 섭섭하지 않은 척하는 데에는 한계가 있기 때문이다.

가족 간의 사랑에도 기술이 필요하다

가족 간의 사랑을 키우고 지키기 위해서도 기술이 필요할까? 말하자면 가족관계에도 지식과 노력, 훈련이 필요할까? 나의 대답은 '매우 그렇다'이다.

인간은 우리를 아프게 하고, 거의 언제나 기대를 저버린다. 가장 사랑하는 사람이 가장 아프게 한다. 게다가 사랑은 항상 움직인다. 한 번 사랑했다고 해서, 한때 사랑했다고 해서 그 사랑이 변함없이 지속하리라고 기대한다면 그건 착각 중의 착각이다.

따라서 인간, 특히 가족을 사랑하기 위해서는 다양한 지식과 기술, 노력이 필요하다. 대화와 소통의 기술도 필요하다.

가족이니까 노력하지 않아도 잘 통하리라는 기대는 하지 말라. 자신의 감정을 전달하라. 차근차근, 나이스하게. 그리고 막말은 관 속에서라도 하지 말라.

열여덟번째 후회

여자들처럼 사는 법을 배웠더라면

"남자들일수록 일을 그만두면 잃을 게 더 많기 때문이 아닐까요? 최근에는 조금 달라지고 있지만, 우리 때만 해도 노동시장에서 남녀차별이 정말 엄청났잖아요. 우리 여자들은 남자들에 비하면 월급도 적고 승진도 잘 못 했고……. 그러다보니 은퇴한다고 해도 상대적으로 잃을 게 적은 편이죠."

여자들의 은퇴가 덜 불행한 이유

앞에서도 얘기했지만, 내가 인터뷰한 은퇴자의 90퍼센트 이상은 남자였고, 그래서 이 책에서도 주로 은퇴남의 이야기가 다루어졌다. 아무리 그렇다고 해도 10퍼센트에 달하는 '은퇴녀'의 이야기마저 이 책에 잘 등장하지 않는 이유는 무엇일까?

그건 한마디로 후회의 내용이 많이 달랐기 때문이다. 물론 여자라고 해서 후회가 없는 건 아니다. 하지만 남자들처럼 '일밖에 몰랐다'거나 '가족과의 간격이 더 벌어졌다'는 식의 후회는 거의 드물었고, 오히려 '이렇게 정년까지 채울 수 있어서 고맙다, 가슴이 후련하다, 행복하다'는 말을 하는 사람이 더 많았다.

왜 그럴까? 이러한 남녀 간의 차이는 도대체 어디서 오는 것일까?

"남자들의 일 욕심, 정말 도가 지나치더군요. 남편은 정년까지 연장해가면서 남보다 오래 일했는데도 일을 그만두고 난 후에 몹시 허탈해했어요. 잠도 못 자고 우울해해서 신경정신과 치료를 받아야 했을 정도니까요."

30년간 맞벌이를 하다가 2년 전에 은퇴한 W씨(58세)의 얘기다. 그녀는 몇 달 전에 은퇴한 남편이 힘들어하는 걸 옆에서 지켜보면서 은퇴에 대한 남녀 간 차이가 정말 크다는 걸 실감했다고 말한다.

'남자들이 그토록 일에 집착하는 이유는 무엇일까?'라는 나의 질문에 대해 W씨는 흥미로운 대답을 내놓았다.

"남자들일수록 일을 그만두면 잃을 게 더 많기 때문이 아닐까요? 최근에는 조금 달라지고 있지만, 우리 때만 해도 노동시장에서 남녀 차별이 정말 엄청났잖아요. 우리 여자들은 남자들에 비하면 월급도 적고 승진도 잘 못 했고……. 그러다보니 은퇴한다고 해도 상대적으로 잃을 게 적은 편이죠."

일리 있는 지적이었다. W씨의 말은 이어졌다.

"남편은 직장에 너무 많은 걸, 아니 자기 인생을 전부 다 쏟았어요. 그러다보니 은퇴와 함께 모든 걸 잃은 셈이죠. 월급은 물론이고 사회적 지위, 명성 등등. 그러니까 힘들 수밖에요."

W씨와 나는 여자의 입장에서, 남자들에 비해 잃을 게 상대적으로 적다는 것에 대해 기뻐해야 할지, 슬퍼해야 할지 헷갈리는 기분이었다. 잃을 때 잃더라도 여자들에게도 더 많은 기회가 주어져야 한다는 생각도 들었다. 하지만 결과적으로는, 여자들이 일에 모든 것을 걸지 않았기에(더 정확히 말하면, 그럴 수 없었기 때문에) 은퇴로 인한 타격도 상대적으로 적은 것만은 확실해 보인다. 한 바구니에 모든 것을 담으면, 그 바구니를 잃었을 때 모든 것을 잃게 되는 법이니까. 이래서 인생이 공평하다고 말하는 걸까?

‘멀티태스킹’의 경험도 여자를 강하게 한다

내가 만났던 은퇴녀들의 인생 스토리는 남자들보다 훨씬 다채로웠다. 아니 ‘다채로웠다’는 건 너무 멋있는 표현이고, 좀더 리얼하게 말하자면, ‘지지고 볶느라 정신이 하나도 없는’ 그런 삶이었다. 말하자면 20대 중반이나 후반에 어떤 직장에 들어가서 30년 이상 한 직장에서만 근무했다거나 혹은 한 가지 일만 하다가 은퇴했다고 말하는 여자는 그리 많지 않았다. 대부분 회사를 다니다가 결혼이나 육아 때문에 그만두었다가 다시 취업하기 위해 전공까지 바꿔가면서 공부를 더 했다거나 봉사활동을 했다거나 그러다가 우연한 기회에 재취업하게 되었고, 그래도 아이들 교육 때문에 계속 다닐지 말지를 심각하게 고민해야 했고, 나중에 시부모 간병까지 맡아 하느라고 엄청 힘들었고……. 이렇게 온갖 우여곡절 끝에 여기까지 오게 되었다는 식의 긴 인생 스토리를 가지고 있었던 것이다.

재밌는 건 힘들게 살아온 여자들일수록 나이 들수록 더 자신만만해진다고 말한다는 점이다. 28년간 보험업계에서 일했다는 C씨(57세)의 이야기다.

“젊었을 때는 내 인생이 구질구질해 보이고 자신감도 없었어요. 그런데 세월이 갈수록 자부심도 생기고, 힘든 일이 있을 때도 ‘내가 살아오면서 이보다 더한 어려움도 겪었는데, 여기서 그만두랴?’ 하는 오기가 생기더군요."

C씨는 말했다.

"사실, 가족 안에서 지지고 볶던 경험도 큰 도움이 되었어요."

'구체적으로 어떻게 도움이 되었는가?'라는 나의 질문에 대해 C씨는 대답했다.

"요즘 젊은 사람들, '시월드' 어쩌구 하면서 시집살이를 엄청 부정적으로 얘기하지만, 나는 시집 식구들과의 갈등을 통해서 나한테 적대적인 사람들을 어떻게 대해야 하는지 배웠어요. 사회생활을 하면서 만난 윗분들한테 시어머니한테 하던 것의 반만 해도 '어른 대할 줄 안다'면서 좋아하더군요."

C씨의 말은 계속 이어졌다.

"'소셜 스킬'이라는 게 결국 눈치가 빨라야 한다는 것 아닌가요? 결혼해서 고생해본 여자들치고 눈치 없는 여자는 없어요. 아, 그리고 그때는 몰랐는데, 결혼한 후에 고달프게 살았던 경험도 큰 힘이 됐어요. '아, 이렇게, 남편한테 기대서 적당히 살다가는 나중에 큰일이 나겠구나. 나도 열심히 살아야겠다'라는 위기의식을 키워줬으니까요."

공감 가는 이야기였다. C씨는 뭐니뭐니해도 제일 힘들었던 건 자녀 양육 문제였는데, 이것마저도 자신에게 큰 도움이 되었다고 말했다.

"아이들 키우면서 인내심은 기본이고, 문제해결 능력도 키웠지요.

애들 말을 끝까지 들어주다보니 소통능력도 생기더라고요. 나중에 팀장이 되었을 때, 사사건건 충돌하던 직원들이랑 소통할 때마다 애들 키우던 경험을 되살렸죠. 리더십이 뭐 별건가요?"

세상은 돌고 돈다. 세월과 함께 약자가 강자 되고, 한때 약점이었던 것이 세월과 함께 강점으로 부각되기도 한다.

남자들이여, 여자들처럼 살아봐!

요즘 세상에도, 가끔 이렇게 말하는 남자들을 만날 때가 있다.

"저는 여자를 잘 모르겠어요. 남학교만 다녔고, 직장에도 남자뿐이죠. 결혼요? 아내는 성격이 남자 같고, 아들만 있어서요."

"여자요? 내가 아는 여자는 딱 세 종류죠. 어머니, 마누라, 그리고 술집 여자들. 여자 동료는 너무 낯설어서……, 어떻게 대해야 할지 모르겠어요."

"여자들이랑 일하는 건 여간 불편한 일이 아니죠. 자기만 아는 '얌체'인데다 뻔뻔하고, 절대 손해보려고 하지 않고, 피해의식은 크고 뒤끝 작렬이고……."

이렇게 말하는 남자들에게 말하고 싶다. 지금은 여자를 모른다, 여자와 안 친하다, 여자와 일하는 건 불편하다, 남녀 간의 우정이란 불가능하다는 식의 말을 할 때가 아니라고. 얼마 전까지만 해도 여자란

그저 '이 세상 인구의 반'인 그런 존재였을지 모르지만, 이제는 그렇지 않다. 당신이 함께 일해야 하는 사람의 반이 여자인 그런 시대가 왔으니까. 아니, 더 나이들면 남녀의 수명 차이로 인해 '남친'보다 '여친'이 더 흔한 세상이 된다는 것도 잊지 마시라.

해서, 지금은 여자의 언어, 여자의 심리적 특성, 행동 변화를 모두 이해하고 활용하는 능력이 필요하다. 한마디로 여자로부터 배울 건 배워야 하는 그런 시대인 것이다. 아니, 이참에 아예 여자처럼 살아보는 건 어떨까? 자기 내면에 있는 여성성을 좀더 적극적으로 찾아보는 것도 나쁘지 않을 것 같다. 때로는 대담하게, 때로는 뻔뻔스럽게 살아보라. 다채로운 인생 경험을 해보면서, 균형감 있고 인간적인 리듬을 찾아보라. 인간관계에도 능하게, 멀티태스킹도 해가면서.

한혜경 교수의 은퇴 10년 전부터 준비해야 할 것들 3

가족관계의 기술을 미리 배워라

은퇴자들이 가장 힘들어하는 것 중 하나가 가족과의 관계다. 그동안 일에 파묻혀 지내느라 가족과 사소한 일상과 대화를 공유하지 못했던 사람들은 뒤늦게 깨닫고 당황한다. '나와 가족 사이의 간격이 이렇게 벌어졌나? 어느새?'

당황한 가장은 간격을 좁히려고 노력한다. 그동안 하지 않던 말과 행동을 하고, 가족의 비위를 맞추려고 '애교'까지 떨어본다. 하지만 당신이 다가가면 갈수록 가족과의 관계는 점점 더 벌어지기 일쑤다. 점점 더 어색해지기만 할 뿐, 아내는 "그렇게 같이 놀아달라고 할 때에는 모른 척하더니, 이제 와서 재미 하나 없는 당신과 놀란 말이야?" 하며 거침없이 쏘아붙이고, 아이들은 아이들대로 '이제 와서 웬 꿍꿍

이?' 하는 표정을 숨기지 않는다.

나는 그동안 많은 은퇴자를 만나면서 이들이 제대로 된 기술이나 전략 없이, 너무 성급하게 가족들에게 다가가려고 하는 걸 볼 때마다 안타까웠다. 가족 간의 사랑에도 기술은 필요하다. 전략도 필요하다. 내 감정을 차근차근 전달하기 위한 노력과 훈련도 필요하다.

하지만 그 어떤 기술이나 전략보다 더 중요한 건 가족에 대한 잘못된 환상에서 벗어나는 일이다. 가족 간에 조금의 간격이라도 있어서는 안 된다는 환상 말이다. 심지어 가족 간 간격을 줄이는 것도 모두 가장의 책임이라고 생각하는, 이상한 책임감에서도 벗어날 필요가 있다.

가톨릭 사제이자 심리학자였던 헨리 나우웬Henry Nouwen은 『친밀함』이라는 책에서 친밀감과 거리감 사이의 세심한 균형이 중요하다고 주장했다. 즉 타인과 친밀하면서도 개방적이고, 가까우면서도 예의를 지키기 위해서는 친밀함 못지않게 거리감을 유지할 수 있어야 하고, 아무도 들어올 수 없는 곳에 내밀한 프라이버시를 간직하고 자신만의 생활을 영위하는 공간이 있어야 한다고 강조한다.

나는 나우웬식의 거리감과 균형 감각이 가족관계, 자녀와의 관계에서도 필요하다고 생각한다. 아무리 가깝고 사랑스러운 가족이지만 '경계'는 지켜야 한다. 이제부터라도 가족에 대한 과도한 책임감에서 벗어나자. 가족도 중요하지만 자기 자신의 생각과 감정도 중요하다는 사실을 받아들이자.

자식에 대한 투자에 상한선을 정하라

100세 시대는 오래 일하면서 오래 벌어야 하는 시대다. 따라서 자녀에 대한 투자도 중요하지만 그 못지않게 나 자신에 대한 투자도 중요하고, 부부의 노후 준비도 필요하다. 지나치게 '자녀 중심적 삶'을 살고 있지는 않은지 점검해야 한다. 캥거루족 부모가 될 위험성은 없는지 미리미리 점검하라.

100세 시대는 부모자식관계보다 부부관계가 훨씬 더 중요해지는 시대다. 부부관계는 남자들에게 특히 더 중요하다. 여자들은 결혼 초기와 중년기 전반에는 부부관계를 중시하지만, 세월이 지나는 동안 점점 더 바깥세상으로 눈을 돌린다. 반면 남자들은 나이가 들수록 점점 집으로, 아내한테로 돌아오고 싶어한다. 그러나 아내는 어느새 저 멀리 가 있다. 황혼 이혼을 주도하는 사람이 대부분 여자라는 것은 결코 우연이 아니다. 우리나라의 이혼율이 OECD 국가 중에서도 1, 2위를 다툴 정도로 급격히 증가했고, 특히 2010년 이후로 결혼 20년 이상 된 부부의 이혼율이 결혼 4년 이내의 신혼 이혼을 추월하고 있는 점에 주목하라. 이혼 (당)하고 싶지 않다면 미리미리 노력해야 한다. 부부가 서로 대면하는 기회를 많이 가지고, 둘 사이의 관계를 점검하라.

탈무드에 나오는 다음 이야기는 돈과 가족에 대한 통찰을 선사한다.

어떤 사람에게 세 친구가 있었다. 제일 친한 친구는 매일 만날 정도로 절친한 친구였고, 두번째 친한 친구는 아주 소중히 여기기는 했으나 첫번째 친구 때문에 자주 만날 기회를 갖지 못했다. 세번째 친구도 아주 소중하게 생각했지만, 앞의 두 친구와 만나는 바람에 거의 만나지 못했다.

그러다가 이 사람이 죽음을 눈앞에 두게 되었다. 그런데 어찌 된 일인지 가장 친한 첫번째 친구는 그가 죽게 된다는 사실이 밝혀지자마자 그의 곁을 떠나버렸다. 두번째 친구는 눈물을 흘리며 슬퍼하면서도 그의 무덤까지만 같이 가줄 수 있다고 하였다. 그런데 마지막 친구는 그가 죽는 순간뿐 아니라 하느님께 인도되는 순간에도 함께하였다.

탈무드는 말한다. 첫번째 친구는 돈, 두번째 친구는 가족, 세번째는 선행이라고.

4부

내 남은 인생이 아직도 50년이다

열아홉번째 후회

마흔, '불혹'도 좋지만 '열정'을 가졌더라면

"무엇보다도 '열정'을 잃지 않도록 노력할 겁니다."

"열정이요?"

"예. 유혹에 흔들리지 않는 건 좋은데, 열정까지 사라지니까 도무지 살맛이 나질 않아요. 의욕도 없고 무기력해지고, 아무 생각이 없어요."

마흔, 유혹에 흔들리지 않아야 할 나이?

"나는 공자님께 불만이 많아요."

"예? 공자님께요?"

Y씨(56세)는 엉뚱한 사람 같았다. 그분이 누구신가. 너무나 훌륭한 분 아닌가? 그런데 그분께 불만이 많다니. 그의 말은 이어졌다.

"마흔이면 '불혹不惑'이라고 해서 유혹에 흔들리지 않아야 하는 나이라고 하지 않았습니까?"

"그랬죠. 그래서요?"

"저는 그 말을 믿고 흔들리지 않으려고 엄청 노력했거든요."

역시 엉뚱한 사람임에 틀림이 없는 것 같았다.

하지만 Y씨의 말을 자세히 듣고 보니 그가 하려는 말이 무엇인지 알 것도 같았다.

Y씨는 40대 초반까지만 해도 마음이 엄청 많이 흔들렸다고 한다. 남들은 다 잘사는 것 같은데 자신만 그렇지 못한 것 같아서 마음이 항상 불편했다. 그러다보니 사람들의 말 한마디 한마디에 흔들리기 일쑤였다. 장사로 돈 번 친구를 보면 나도 장사나 할까 고민했고, 외국에서 잘살고 있는 친척을 보면 당장 회사를 때려치우고 따라가고 싶기도 했다. 우리 마누라는 왜 다른 여자들처럼 돈도 벌지 못할까 불만스러울 때가 많았고, 공부 잘 못하는 애들 야단치는 일도 지겨웠다. 이혼이라도 해버리면 내 팔자가 필까, 고민한 적도 있었다.

그런데 40대 중반에 아버지의 갑작스러운 죽음을 겪으면서 Y씨는 완전히 딴 사람처럼 바뀌었다. 그야말로 '불혹'의 상태로 접어든 것. 더 이상 남의 말에 흔들리지 않게 되었고, 그 누구도 부러워하지 않았다. 그냥 자신에게 주어진 하루하루를 소중히 여겼고, 못난 자신을 지켜봐준 가족들에게 감사하는 마음뿐이었다.

"그런데 말입니다. 이렇게 50대 중반, 그야말로 너무 젊은 나이에 은퇴하고 보니 다시 헷갈리네요. 마음도 다시 흔들리고……."

이해가 가고도 남았다. 어렵게 얻은 불혹의 상태를 만끽하면서 더 오래 일할 수 있는데 은퇴해야 하는 현실이 얼마나 힘들었을까.

"그러게 말입니다."

Y씨의 얼굴이 어두워졌다. 잠깐의 침묵이 흐른 후 내가 다시 말했다.

"아까 했던 그 말로 다시 돌아가야 할 것 같군요. 공자님께 불만이 많다는 얘기로……."

"예. 그래서 마흔에 불혹하는 것도 좋지만, 불혹만으로는 안 된다는 게 제 결론이에요."

일리 있는 말이다. 100세 시대 아닌가. 공자님이 살았던 시대에 비해 수명이 비교할 수 없이 늘어난 점을 감안해볼때, 이제 마흔의 의미는 달라져야 함에 틀림이 없다.

TOLEDO
NO SPRINGS - HONEST WEIGHT
ADD
POUNDS
1 POUND
GRADUATIONS

다시 마흔으로 돌아간다면?

그렇다면, 마흔이란 도대체 어떤 나이여야 할까? '다시 마흔으로 돌아간다면 어떻게 하고 싶은가?'라는 나의 질문에 대해 Y씨가 말했다.

"무엇보다도 '열정'을 잃지 않도록 노력할 겁니다."

"열정이요?"

"예. 유혹에 흔들리지 않는 건 좋은데, 열정까지 사라지니까 도무지 살맛이 나질 않아요. 의욕도 없고 무기력해지고, 아무 생각이 없어요. 집사람은 댄스라도 같이 배우자, 노래교실 같이 가자고 하는데, 그럴 때마다 전 한물간 '허무 개그'로 대답하죠. '그런 거 배우면 뭐하겠노? 기분 좋다고 소고기 사 먹겠제…….'"

웃기지만 슬픈 얘기였다.

잠시 후, Y씨가 말했다.

"제 친구 중에 마흔둘에, 잘나가던 광고회사 때려치우고 전북 무주 시골로 내려가서 농사를 지으며 그림을 그리는 친구가 있는데, 요새는 그 친구가 제일 부럽다니까요. 당시만 해도 그 친구를 경쟁에서 패배한, 비현실적인 '낙오자'라고 생각했는데, 사실은 그게 아니었어요."

그의 말은 이어졌다.

"지금은 그 친구가 대단해 보여요. 40대 초반에 서울을 떠나서 미지의 세계로 간다는 게 얼마나 두려웠을까, 생각하면 정말 대단하죠."

나도 같은 생각이다. 서울을 떠나면 큰일이라도 나는 줄 아는 사람들 틈에서 그런 결단을 내리는 건 엄청난 용기를 필요로 하는 일이다.

Y씨가 말했다.

"그런데……, 난 이게 뭡니까? 내가 얼마나 한심하냐면, 며칠 전에 그 친구한테 가서 다짜고짜 물은 거 있죠. '야, 나 앞으로 뭐하며 살았으면 좋겠냐?'"

"친구가 뭐라고 하던가요?"

"그냥 씩 웃고 말더군요. 돌아오는 내내 창피하고, 나 자신이 한심했어요. 그런데 정말 심각해요. 앞으로 뭘 하며 살아야 할지 도무지 생각이 나지 않는다니까요."

표정이 점점 우울해지는 Y씨를 위로할 겸 화제를 돌리고 싶었다.

마침 얼마 전에 만났던 이근후 선생님이 떠올랐다. 2, 30대 젊은 여성을 대상으로 '뻔하지 않고 펀fun한' 강의를 하는 자리였는데, 정신과 전문의로 일하던 시절의 풍부한 임상 경험이 녹아 있는 선생님의 강의는 여전히 힘이 있었고 재미도 있었다.

선생님은 현역 시절에 정신과 폐쇄 병동을 개방 병동으로 바꾸고, 정신치료를 위해 사이코 드라마도 도입하는 등 새로운 시도를 열정적으로 추진하던 정신과 의사였다.

하지만 내가 주목하는 건 현역 시절의 이야기만은 아니다. 선생님의 열정은 은퇴 후에도 꺼지지 않는 것처럼 보였다. 사이버대학에서 사회복지를 공부하고, 컴퓨터를 이용해서 정신과 관련 교육과 상담을 하고, 본인의 어린 시절 이야기도 올린다고 하셨다. 수십 년간 의료 봉사를 해온 네팔을 1년에 한 번씩 방문하고, 시 낭송 모임도 하고, 아동복지시설에 거주하는 아이들과 놀아주는 일도 계속하고 있다.

강의가 끝나고 잠깐 이야기를 나눌 기회가 있었을 때 내가 물었다.

"만약에 쉰 살쯤으로 돌아간다면 뭘 하고 싶으세요?"

선생님은 진지하게 대답하셨다.

"이렇게 오래 활동할 수 있을 줄 알았다면, 그때쯤에 진작 다른 일을 시작했을 거요. 정신건강 관련 교육프로그램 같은 걸 만들고 강의했다면 훨씬 더 많은 사람에게 도움이 되는 일을 했겠지요."

이런저런 이야기를 나누면서 선생님의 일과 전공에 대한 열정이 여전히 식지 않았구나 하는 느낌을 받았다. 동시에 50대라는 나이가 뭔가를 포기하기에는 너무 젊은 나이라는 것도.

그날 Y씨와 나는 이근후 선생님이나 전북 무주에서 그림을 그린다는 Y씨의 친구처럼 '열정'을 가진 사람들의 공통점에 대해 많은 얘기를 나누었다.

마흔, 불혹도 좋지만 열정이 더 필요한 나이

마흔쯤에 벌써, 확신에 찬 눈빛을 하고 사는 사람들을 볼 때 가끔 불안하게 느껴지는 경우가 있다. 이 세상이 이렇게 흔들리는데, 그리고 앞으로도 수십 년이나 더 흔들리는 세상을 살아야 하는데, 어떻게 저이는 마흔에 흔들리지 않을 수가 있지? 이런 느낌 때문이다.

괴테의 『파우스트』 중 '천상에서의 서곡'에는 주님과 메피스토펠레스가 파우스트를 놓고 이야기하는 대목이 나온다.

"그가 지상에서 살고 있는 동안에는 네가 무슨 일을 하든 금하지 않겠노라. 인간은 노력하는 한 방황하는 법이니라."

마흔에 불혹할 수 있다면 좋은 일이다. 하지만 우리는 불혹만으로는 충분하지 않은 시대를 살고 있다. 앞으로 수십 년을 더 살기 위해서는 '열정'이라는 땔감이 필요하기 때문이다.

마흔은 낯선 곳, 낯선 삶으로 더 나아가야 하는 나이다. 낯선 생각과 우연히 찾아오는 기회에 대해 마음의 문을 활짝 열어야 한다. 경계를 넘는 삶을 향해 힘껏 도전해야 하는 나이다.

스무번째 후회

평생 친구 세 명쯤 만들어뒀더라면

"은퇴하고 3개월이 지나니까 먼 외국에라도 온 느낌이었어요.
직장 동료는 물론 친구들까지도 아득하게 멀게 느껴졌으니까요.
그 넓었던 인맥이 모두 어디로 갔나? 놀라울 뿐이었죠.
특히 직장 동료들은 은퇴와 함께 바로
흩어지고 마는 사이라는 걸 실감했어요."

우정도 정리의 대상?

30년간 공무원으로 근무했던 A씨(55세)는 은퇴 후에 이런저런 물건들을 정리하면서 버려야 할 게 많다는 사실에 깜짝 놀랐다고 한다. 물건을 장만할 당시에는 꼭 필요한 것이라고 생각했기 때문에 비싼 값을 치렀지만 제대로 써보지도 못한 채 무용지물이 된 것들이 너무 많았던 것이다.

"더 놀라운 건 버려야 할 것들 중에 '우정'도 포함된다는 사실이었어요."

그의 말은 인상적이었다. 우정도 정리의 대상이라고?

그런데 A씨의 설명을 듣고 보니 수긍이 갔다. 그에게는 하루 24시간 페이스북과 이메일로 연결되는 수많은 사람이 있었고, 또한 그는 수백 명의 이름이 저장되어 있는 자신의 휴대전화에 큰 자부심을 가지고 있었던 것이다.

하지만 은퇴하고 보니 정말 만나고 싶은 사람 혹은 만날 수 있는 사람은 그리 많지 않았다. A씨는 말했다.

"은퇴하고 3개월이 지나니까 먼 외국에라도 온 느낌이었어요. 직장 동료는 물론 친구들까지도 아득하게 멀게 느껴졌으니까요. 그 넓었던 인맥이 모두 어디로 갔나? 놀라울 뿐이었죠. 특히 직장 동료들은 은퇴와 함께 바로 흩어지고 마는 사이라는 걸 실감했어요."

나는 궁금했다. '그래도 몇 년에서부터 길게는 몇십 년을 함께한 직장 동료인데, 어떻게 그렇게 쉽게 흩어지고 마는 걸까?' A씨가 대답했다.

"직장 동료라는 게 주로 직장 상사 욕 같은 거 함께 하면서 공감대를 쌓은 사이 아닙니까? 이제는 욕하고 씹을 사람도 없으니 화제가 점점 빈약해질 수밖에요. 그렇다고 사생활 얘기를 하는 것도 아니고, 아무래도 심리적 거리감이 있는 사이라서요."

동창들 모임도 점점 쪼그라들기 시작했다고 한다. 은퇴 직후에는 활기를 띠던 모임도 1년, 2년 지나면서부터는 이런저런 이유로 빠지는 동창들이 많아지면서 빛이 바래기 시작했다. '돈 때문에' 나오지 않는 친구도 많아졌다. 하지만 A씨가 무엇보다 가장 충격을 받은 건 제일 친한 친구가 은퇴 직후부터 연락을 끊고 자신의 '요새' 안으로 잠적해 버린 사건이었다.

A씨의 이야기를 들으면서, 내가 만났던 은퇴자들 중에도 자신의 친구가 '잠수 탔다'고 말하는 사람이 여럿 있었던 게 기억이 났다. 나는 남자들이 은퇴 후에 친구들을 피하면서 잠적하는 이유가 무엇인지 물었다. A씨의 대답은 이랬다.

"다른 동기들과 비교되는 게 싫고 신경쓰이기 때문이겠죠. 친구들한테 초라한 모습을 들키고 싶지 않다는, 일종의 '자기 방어'라고나 할까요? 그만큼 위기의식도 두려움도 크다는 뜻이겠죠."

아무튼, A씨에게는 자의 반 타의 반 우정을 정리해야 하는 이런 현실이 충격으로 다가왔다. 은퇴와 함께 공적 관계망뿐 아니라 사적 관계망까지 없어지는 현실을 받아들이기가 힘들었던 것이다.

"아, 이렇게 무대에서 사라지고 마는구나, 하는 심정이죠."

당신은 '진짜 친구'를 가지고 있습니까? 몇 명이나?

하지만 A씨는 이런 일련의 과정을 거치면서 얻은 것도 있다고 했다. 누가 중요한 사람인지, '진짜 친구'가 누구인지를 알게 된 것이다.

'진짜 친구란 어떤 친구인가?'라는 나의 물음에 대해 A씨는 진지하게 대답했다.

"말하자면 어떤 일이 있어도 마음을 털어놓고 상의하고 어울릴 수 있고, 스트레스도 풀 수 있고, 오랜만에 만나도 자주 만난 사이처럼 느껴지고, 심리적 안정도 얻을 수 있는……, 그런 친구죠."

A씨는 덧붙였다.

"제일 중요한 건 마음을 털어놓는다는 점이라고 봐요. 그건 '아 너도 그렇구나' '내가 고민하던 게 나만의 문제가 아니었구나'라는 걸 느끼는 것 아닐까요? 사실 남자들은 친구끼리 자신의 내밀한 감정이나 가정사에 대해선 잘 말하지 않아요. 하지만 때로는 그런 것들도 털어놓고 의논할 수 있는 친구가 필요하죠. 또 남자들은 친구한테도 '힘들다, 괴롭다' 이런 얘기 잘 하지 않는데, 나는 정말 친구라면, 힘든 얘기도 솔직히 털어놓아야 한다고 생각합니다."

나는 다시 물었다.

"A씨는 그런 친구가 몇 명 있다고 생각하세요?"

"글쎄요. 한 셋? 아니, 다섯쯤?"

"그렇다면, A씨는 행복한 사람이군요. 매일 만날 수 있는 친구 세 명만 있어도 행복한 노후를 보낼 수 있다는 연구결과가 있거든요."

"아, 그렇습니까? 저는 친구가 너무 적다고 생각했는데……. 그나마 다행이군요."

사실 몇 명의 친구가 있어야 하는가, 라는 물음에 정답은 없을 것이다. 상황에 따라, 취향에 따라 다 다를 테니까. 친구를 어떤 사람으로 정의하는가 하는 것도 사람마다 다를 것이다.

하지만 최근에 영국의 진화생물학자 로빈 던바Robin Dunbar는 '던바의 수Dunbar's number'라는 재미있는 이론을 발표했다. 인간의 두뇌 용량을 감안할 때 가장 친한 친구는 5명, 좋은 친구는 15명이 적합하다는 것이다. 개인의 다양한 상황을 감안한다 해도 적절한 친구의 수는 총 150명 정도를 넘지 못한다는 것. 던바는 말한다. 인간은 수많은 사람과 모두 친할 수 없다고.

양이 많아도 허무한 관계보다는 적더라도 '찐한' 관계가 더 의미 있다. 세상을 다 이겼다 해도 진정한 친구가 없다면 그건 루저looser의 삶이나 다를 바 없다. 친구라는 소중한 '심리적 우산'이 없다면 비바람 몰아치는 험한 세상을 어떻게 끝까지 건널 수 있겠는가.

연령대가 다른 친구가 있다면

나는 덧붙여, '프로그램'을 통한 친구 만나기를 권하고 싶다. 나이를 불문하고, 출신 학교나 직업 경력을 불문하고, 영화를 좋아하는 사람끼리, 기타 치기를 즐기는 사람끼리, 특정 스포츠를 연마하고 싶은 사람끼리 만나 친구가 되는 것이다. 흥미와 관심에 따라 교류하고 유대를 가진다면 인생이 훨씬 풍성해지지 않을까?

다른 연령대의 친구를 갖는 것도 중요하다. 동년배로부터 얻는 기쁨과 다른 세대로부터 받는 즐거움은 다르기 때문이다. 둘 다 필요하다고 생각한다. 때로는 젊은이들과 만나 세상 돌아가는 얘기도 듣고 배울 건 배우는 삶이 필요하다. 또 때로는 10년쯤 위의 친구를 만나 미래에 다가올 삶에 대해 생각해보는 것도 좋은 일이다. '저 나이에도 저렇게 열심히 살 수 있구나' 하고 자극을 받을 수도 있다.

'다문화적 감수성' 못지않게 '다연령적 감수성'도 갖춰야 하는 그런 시대가 오고 있다.

다산 선생이 시 짓는 친구들과 모임을 만들고 함께 만든 오늘날의 동인지 같은 〈죽란시사첩竹欄詩社帖〉 서문에 적은 시를 읽으면 미소가 절로 떠오른다. 천하의 다산 선생이 글만 많이 읽고 쓴 게 아니라 친구도 엄청 좋아하셨네, 라는 느낌 때문일까.

> 살구꽃이 처음 피면 한 번 모이고, 복숭아꽃이 처음 피면 한 번 모이고, 한여름에 참외가 익으면 한 번 모이고, 초가을 서늘할 때 서지西池에서 연꽃 구경을 위해 한 번 모이고, 국화가 피면 한 번 모이고, 겨울철 큰 눈이 내리면 한 번 모이고, 세모歲暮에 화분에 심은 매화가 피면 한 번 모인다. 아들을 낳은 사람이 있으면 모임을 마련하고, 수령으로 나가는 사람이 있으면 마련하고, 품계가 승진된 사람이 있으면 마련하고, 자제 중에 과거에 급제한 사람이 있으면 마련한다.

스물한번째 후회

누군가에게 희망을 주는 사람이었더라면

"제가 까칠한 편이에요. 예리하고 날카롭다는 평도 많이 들었죠.
날카롭게 지적하고 가시 돋친 말, 독설도 많이 했죠.
내 딴엔 그게 후배를 위하는 길이라고 생각했는데, 그런데……,
후회가 되네요. 그때 그 사람들이 겉으론 웃었지만
마음속으론 상처를 받았겠구나, 그래서 연락들도 잘 안 하는구나,
그런 생각도 들고……."

장례식과 신데렐라 이야기

E씨와 후회에 대한 얘기를 나누고 있을 때였다. 그가 불쑥 '장례식' 이야기를 꺼냈다. 최근에 갔던, 83세로 사망한 어르신의 장례식이 참 인상적이었다는 것이다.

'어떤 점이 그렇게 인상적이었는가?'라는 나의 질문에 대해 E씨는 대답했다.

"글쎄요. 성당이라서 그런지는 몰라도 장례식이 슬프다기보다는 따뜻했다고 할까요? 특히 장례식을 주례한 은퇴한 주교 신부님이, 돌아가신 분이 한국전쟁 직후에 자신에게 화학을 가르쳤던 중학교 선생님이었다고 소개하면서, 그분과의 추억에 대해서 말씀하셨어요. 주교 신부님도 여든 가까이 된 분이었는데, 중학교 시절을 회상하면서 천진난만한 미소를 띤 얼굴로 말씀하시는 모습이 참 보기 좋았어요."

E씨의 말은 계속되었다.

"그런데 인상적이었던 건 돌아가신 선생님이 그 시절에 교실에서 '신데렐라' 이야기를 해주었다는 대목이에요."

"신데렐라 이야기요? 화학 선생님이 중학교 남학생들에게 신데렐라 이야기를?"

"예, 그래요. 신부님도 그때 그 이야기를 처음 들었다고 했어요. 그래서 '세상에 그런 신기한 이야기도 있구나' 하셨대요. 당시 선생님은 학생들에게 신데렐라 이야기를 해주면서 아무리 힘든 상황에서도 꿈과 희망을 잃지 말라고 말씀하셨고, 실제로 신부님도 평생 그 말씀을 기억했다고 하시더군요."

"좋은 선생님이었네요."

"그래요. 돌아가신 선생님 자신도 이북에서 혈혈단신으로 월남해서 힘겹게 살고 있는 처지였다고 했어요."

사실 화학 선생님과 신데렐라 이야기는 뭔가 어울리지 않는 조합이었다. 더욱이 전쟁 직후의 암울한 분위기에 젖어 있었을 중학교 남학생들에게 신데렐라 이야기라니. 하지만 어린 학생들에게 희망과 꿈과 용기를 전해주고자 했을 선생님의 따뜻하고도 애정어린 그 마음은 충분히 전달되고도 남았다.

"장례식 분위기가 참 좋았겠어요?"

"예. 그랬습니다. 그동안 산 사람들끼리 만나서 인사 나누고 친목을 다지는 '장례식장'에는 자주 갔었지만, 말 그대로 '장례식'에 참석한 건 정말 오랜만이었는데, 장례식이 어때해야 하는가를 보여주었다고나 할까, 참 많은 걸 느꼈어요."

후배에게 희망을 주는 말 한마디 건넸더라면

이번엔 내가 질문했다.

"그런데,

갑자기 장례식 얘기를 꺼낸

이유는 무엇인가요?"

E씨가 대답했다.

"그 장례식을 본 후에,

혼자 중얼거렸죠.

'누군가의 삶을 알고 싶으면

장례식에 가라.

삶은 어디에나 있다…….'

E씨는 말을 이어갔다.

"사실은, 그 장례식에서 돌아가신 분의 이야기를 들으면서 나 자신을 돌아보았어요."

"아, 예……."

"나는 이제까지 살아오면서 누군가에게 그렇게 희망을 주려고 노력한 적이 있었던가? 신데렐라 이야기까지는 아니더라도 뭔가 희망을 주는 말 한마디라도 해준 적이 있었나? 이런 생각이 들었거든요."

"그랬군요."

"제가 까칠한 편이에요. 예리하고 날카롭다는 평도 많이 들었죠. '이건 비판이 아니라 비평이야'라고 말하면서 날카롭게 지적하고 가시 돋친 말, 독설도 많이 했죠. 내 딴엔 그게 후배를 위하는 길이라고 생각했는데, 그런데……."

"그런데요?"

"그런데, 지금은 후회가 되네요. 그때 그 사람들이 겉으론 웃었지만 마음속으론 상처를 받았겠구나, 그래서 연락들도 잘 안 하는구나, 그런 생각도 들고……."

E씨는 덧붙였다.

"앞으로 기회가 있다면 누군가에게, 특히 후배들한테 희망을 주는 존재가 되고 싶네요."

누군가에게 준 희망은 내게로 다시 돌아온다

나는 E씨의 말을 들으면서 문득, 잭 니컬슨이 주인공으로 나온 영화 〈어바웃 슈미트〉의 한 장면이 떠올랐다. 주인공 슈미트는 은퇴한 직후에 아내가 갑작스럽게 죽음을 맞이하고, 하나밖에 없는 딸마저 잘못된 결혼을 하게 되자 절망에 빠지고 만다. '죽고 싶다'는 생각 외에는 아무것도 떠오르지 않을 만큼.

하지만 절망적인 그 순간에, 편지 한 통이 배달되었다. 편지는 아프리카의 가난한 아이, 엔두구라는 이름을 가진 아이로부터 온 것이었다. 은퇴 직후에 TV에서 방송되는 어린이 돕기 프로그램을 보다가 약간의 돈을 보내준 적이 있었는데, 그때 그 아이였다.

편지 속에는 엔두구가 그린 그림이 들어 있었다. 그 그림 속에서 슈미트는 엔두구와 손을 잡고 있었다. 슈미트는 눈물을 흘린다. 전혀 부담이 되지 않는 약간의 돈을 보내주었을 뿐인데, 그 조그만 일이 죽음까지 생각할 정도로 괴로운 그 순간에 뜨거운 눈물과 함께 살아야 할 이유를 가르쳐주리라고 그 누가 상상할 수 있었을까.

누군가에게 건넨 조그만 희망은 다시 내게로 돌아온다. 남에게 희망을 주는 것은 바로 나 자신을 향해 희망의 조각배를 띄우는 일이다. 우리는 보이지 않는 손으로 연결되어 있기 때문에.

스물두번째 후회

꿈을 담은 나만의 명함을 만들었더라면

"딸 결혼할 때 내밀 명함만 있다면……"

명함 없이 나를 누구라고 소개해야 할까?

참 안타까운 일이다. 은퇴와 함께 버려야 할 것이 경력, 학력, 사회적 명성이라지만, 명함이야말로 은퇴와 함께 곧바로 버려야 할 물건이다. 그야말로 아무짝에도 소용없는 물건이 아닌가.

그럼에도 내가 만난 은퇴자 중에는 퇴직한 후에 가장 아쉬운 것이 '명함'이라고 대답하는 사람이 의외로 많았다. 이들은 말한다.

"딸 결혼할 때 내밀 명함만 있다면……."

G씨(54세)도 그중 한 명이었다. 은퇴 후에 제일 당황스러운 게 명함 없이 자신을 소개하는 일이라고 했다. 전에는 명함 하나면 자신을 설명하는 데 아무런 문제가 없었다.

"내가 다니던 회사 이름이 곧 나였고, ○○○부장이라는 직위가 나의 별명이었죠."

그런데 명함이 없으니까 너무나 허전했다. 아니 허전한 정도가 아니라 자신의 가치가 떨어지는 듯한 느낌이었다.

"며칠 전에도 친구 사무실에서 친구의 거래처 사람을 만났어요. 그 사람은 명함을 내밀면서 자연스럽게 ○○사의 ○○○차장입니다, 라고 말하는데, 갑자기 나를 어떻게 소개해야 할지 모르겠는 거예요. 이름 석 자만 달랑 말하려니까 뭔가 부족한 사람 같고……. 나중에 따로 연락해서 만날 약속을 했는데, 친구 명함에다가 내 이름과 전화번호를 적어주는 것도 왠지 초라해 보여서 기분이 좋지 않았죠."

내가 말했다.

"그래서 어떤 분은 '전 ○○사 부장'이나 아니면 '○○사 과장 역임'이라고 쓴 명함을 갖고 다니시더군요."

G씨는 손까지 내저으며 큰소리로 말했다.

"저는 그렇게 '전 ○○○'이라고 잔뜩 적힌 그런 명함 가지고 다니는 사람들 엄청 싫어했어요. 왠지 사기꾼 같고 신뢰가 가지 않았거든요."

G씨는 덧붙였다.

"사실 명함도 명함이지만, '무직' 상태라는 게 더 문제죠. 하루빨리 직장을 잡아서 내 명함을 만들어야 할 텐데……. 그런데 일자리 찾는 일이 쉽지 않네요."

당신도 '조직맨'인가?

명함 때문에 고민하는 은퇴자들, 그래서 하루빨리 일자리를 찾아야 한다고 마음 졸이는 은퇴자들을 만나면서 안타까웠던 것은 이들 대부분이 '조직맨'(사실은 '조직퍼슨'이라고 해야 옳으나, 다행인지 불행인지 아직은 남자들이 대부분이다)이었다는 점이다. 특히 괜찮은 대학 나오고 거의 전 생애를 한 직장에서만 보낸 사람들일수록 조직맨일 가능성은 더 높았다.

G씨도 말했다.

"사실 '평생직장은 없다'는 말은 수없이 들었지만,
그래도 회사에 충성하면
회사도 나한테 신의로 보답할 거라고 믿었죠.
조직과의 관계가 뭐 영원하지는 않겠지만
그래도 어느 정도는 가겠지, 설마, 라고 생각했죠."

그러나 그렇게 오랜 시간 조직맨으로 살아온 사람들 중에는 혼자서 독창적으로 일하는 법을 잊어버린 사람이 꽤 많다. 즉 조직이 시키는 일은 잘하지만, 자기 혼자서는 아무 일도 할 수 없는, 아니 무슨 일을 해야 할지조차 잊어버린 것처럼 보이는 사람들이 많다.

얼마 전에 만난 퇴직자 전직轉職 컨설팅 담당자의 이야기다.

"좋은 대학 나오고 좋은 직장에 다녔던 사람들도 똑같다니까요. '가장 자신 있는 분야가 무엇인가?'라고 물으면 '없다' 혹은 '모른다'라고 대답해요. 그냥 아무 일이나 시키면 밤을 새워서라도 잘할 자신이 있으니까 무슨 일이든 시켜달라는 말만 반복하지요. 아니, 무슨 애도 아니고 그 나이가 되도록 자신이 뭘 잘할 수 있는지 모른다는 게 말이 됩니까?"

그는 덧붙였다.

"세상은 너무 빨리 변하고 있어요. 요즘은 할아버지, 아버지, 아들 3대가 함께 구직해야 하는 시대 아닙니까? 일을 찾기 위해서는 자신이 뭘 잘할 수 있는지를 알아야 해요. 내 역량을 정확히 파악해서 강점을 이용하는 전략을 펴도 취업이 될까 말까인데, 참 걱정이에요."

자기 자신의 꿈을 좇았던 친구들이 부럽다

G씨는 요즘 들어 자꾸 주변을 둘러보게 된다고 했다. 그리고 나이

들어도 명함 걱정 하지 않아도 되는 친구들이 제일 부럽다고 했다.

'명함 걱정 없는 친구들이 누구인가?'라는 나의 질문에 대해 다음과 같이 대답했다.

"꿈을 포기하지 않고 끈질기게 추구해온 친구들이죠. 명함 같은 거 신경도 쓰지 않고, 또 가지고 다니지 않아도 되는 친구들이요."

G씨는 덧붙였다.

"사실은 저도 한때 애니메이션 작가가 될까, 심각하게 고민했거든요. 그런데……, 저는 그 친구들처럼 나 자신에게 투자하지 못했어요. 내 월급과 시간의 10퍼센트, 아니 5퍼센트만이라도 나 자신에게 투자했어야 했는데……."

G씨는 심각한 얼굴로 말을 이어갔다.

"사실 내 꿈을 따라가지 못한 건 내 마음속에 있는 수치심이나 두려움을 극복하지 못했기 때문이에요. '부끄럽지도 않아? 어떻게 그런 그림을 남 앞에 내놓을 수 있어?'라고 말하는 내 안의 목소리를 뿌리치지 못했어요. 그런 말을 듣느니 차라리 회사에 취직해서 평범하게 살아야지, 라고 생각했죠."

그리고 정신없이 직장생활을 하는 동안 자신이 애니메이션 작가가 되고 싶었다는 사실 자체마저 잊어버렸다고 한다. 은퇴하고 나서야 비로소 자신이 뭘 놓쳤는지를 깨달았다는 것. G씨는 말했다.

"지금 생각해보면 남들의 비판으로부터 스스로를 지킬 수 있는 힘이 부족했어요. '그래, 이게 나야' 하며 당당하게, 아니 바보처럼 단순무식하게 밀고 나갔어야 했는데……."

'나만의 명함'을 준비하자. 그것도 여러 개

미래학자들은 지금 대학에 다니는 학생들은 평생 동안 직업을 적어도 대여섯 차례 바꾸며 살게 될 것이라고 예측한다. 중요한 건 이게 대학생들만의 얘기가 아니라는 점이다. 일생 단 하나의 직업만을 가지고 살아가던 시대는 이제 끝났다. 100세 시대란 여러 가지 직업을 섭렵하며 사는 걸 재미와 보람으로 여겨야 하는 시대다.

그러므로 '이제 꿈은 사라졌다'라고 말하지 말자. 꿈에는 나이가 없다. 여러 가지 가능성을 열어놓고, 여러 분야의 재능과 열정을 아우르며 살 수 있도록 노력해보자.

명함도 마찬가지. 평생 하나의 명함, 회사 이름이 크게 박힌 명함만 좇던 시대는 이미 지났다. 당신은 앞으로도 여러 개의 명함을 더 만들어야 할 것이다. 이왕이면 당신만의 개성, 당신만의 강점을 보여줄 수 있는 명함을 구상해보시라. 이왕 만드는 김에 한 대여섯 개쯤 어떠신가?

스물세번째 후회

혼자 사는 기술을 익혔더라면

"혼자 밥 먹을 때, 황지우의 시가 생각나요.
이런 구절 아세요? '나이든 남자가 혼자 밥 먹을 때 울컥, 하고
올라오는 것이 있다.' 갑자기 그 구절이 생각나면서
그야말로 울컥, 하죠."

혼자 밥 먹는 게 이렇게 힘들 줄이야

세 달 전에 은퇴한 J씨(55세)는 진작 혼자 사는 훈련을 하지 못한 걸 가장 후회한다고 말했다. 그렇다고 그가 혼자 살고 있다는 뜻은 아니다. 교사인 아내가 아침에 출근하고 아들도 학교에 가고 나면 아파트에 혼자 남아 밥을 먹고 시간을 보내야 하는데, 그게 그렇게 힘들다는 것이다.

J씨의 친구들은 모두 그를 부러워한다고 했다. 아내가 아직 일하고 있으니 고정수입도 있겠다, 둘이 하루종일 얼굴 마주 보고 앉아 있지 않아도 되니 싸울 일도 없겠다, 얼마나 좋으냐는 것이다. 그건 J씨도 공감하는 바다. 그래서 아내에게 감사하게 생각하고 있다.

J씨는 한 6개월쯤 쉬고 나서 조그만 사업을 시작해볼 계획이라고 했다. '사업할 거면 쉬지 말고 일해야 한다'고 충고해주는 사람들도 많지만, J씨는 그동안 너무 숨차게 달려온 자신에게 방학을 주고 싶었다. 6개월 정도는 느긋하게 달콤한 방학을 즐기고 싶었던 것이다.

하지만 J씨가 방학의 달콤함과 행복감에 빠질 수 있었던 건 겨우 두 달 정도에 불과했다. 두 달쯤 지나니까 모든 게 너무 힘들었다. 무엇보다 힘든 건 혼자 밥 먹는 일이었다. 그리고 하루종일 빈 아파트에서 혼자 시간을 보내야 한다는 점이었다.

J씨가 은퇴한 직후에 아내가 물었다.

"설마 당신 밥까지 챙겨주기를 바라는 건 아니겠지?"

그때만 해도 J씨는 호기롭게 대답했다.

"그럼 물론이지. 당신도 피곤한데, 저녁하기 힘들잖아. 아침은 간단히 빵으로 먹고 점심은 밖에서 친구들 만나 해결하지 뭐. 내 걱정은 안 해도 돼. 당신도 저녁 먹고 들어와. 괜히 나 땜에 일찍 들어오려고 애쓰지 말고……."

실제로, 아침 먹는 건 큰일이 아니었다. 음악을 들으면서 커피나 홍차와 함께 빵이나 고구마 같은 걸 먹는 맛도 꽤 괜찮았다. 아들이 늦게 나갈 때는 함께 아침 먹으면서 대화 나누는 일도 즐거웠다.

문제는 점심이었다. 점심까지 혼자 먹는 건 너무 쓸쓸해서 가능하면 점심은 나가서 사먹으려고 하는데, 그게 보통 일이 아니었던 것이다. 처음 한 달은 거의 매일 친구들이나 사업 관계자들에게 전화를 걸고 약속을 잡아서 점심을 먹었지만, 한 달이 지나고 나니까 밥 같이 먹을 사람 구하는 일이 장난이 아니었다.

J씨가 말했다.

"분위기 있고 좋은 식당 가보면 남자는 거의 없고 여자들뿐이잖아요? 전에는 남자들은 고생하는데 여자들만 잘 먹고 잘 노는 것 같아서 얄밉기도 하고 거부감이 있었는데, 요즘엔 여자들이 부러워요."

"그래요? 어떤 면이 부러우시죠?"

"여자들의 네트워크가 부럽기도 하고……, 또 여자들이
훨씬 더 인생을 잘 즐기는 능력을 가지고 있다고나 할까요.
그래서 여자들은 나중에 남편 죽고 혼자 돼도 오래 사는 모양이에요."

"예. 여자들이 더 오래 사는 건 확실하죠."

J씨는 진지하게 물었다.

"오래 사는 것보다도 더 중요한 건 혼자서도 잘산다는 거 아닐까요?"

"그렇죠. 그런데 여자들이 어떤 면에서 더 잘사는 것처럼 보이나요?"

"음식만 해도 그래요. 여자들은 좋은 식당 찾아다니면서
맛있는 거 먹고, 엄청 즐기잖아요.
남자들은 만나서 설렁탕이나 먹거든요.
'우리 오늘 모처럼 좋은 식당 가보자'고 하면, '남자들끼리 사귀냐?
뭐하러 그런 데 가냐? 순대국밥이나 먹자'고 한다니까요.
이건 돈이 있고 없고의 문제가 아니에요.
돈 좀 있는 친구들도 다 마찬가지니까요."

J씨의 말은 계속되었다.

"전에 외국 출장 다닐 때 점심시간에 혼자 와인 마시면서 식사하는 남자들 보면서 나도 나중에 저렇게 해봐야지, 생각했거든요."

그는 덧붙였다.

"한창 바쁠 때는, 나중에 혼자 좋은 식당에 가서 밥 먹고, 영화도 보고, 혼자 카페에 앉아 커피도 마시고 맥주도 한잔해야지, 라고 생각했는데……."

"그거 좋은 생각 같은데요. 당장 해보시죠."

나의 말에 J씨가 대답했다.

"그게 생각처럼 쉽지 않다니까요. 영화 보는 것까지는 그래도 괜찮은데, 혼자 좋은 식당에 들어가면 종업원들이 '혼자세요? 일행은 없으시고요?'라고 자꾸 물어보고, 또 제일 바쁜 점심시간에 혼자 자리 차지하고 먹는 것도 눈치가 보이고요."

그는 덧붙였다.

"카페에 혼자 앉아 있는 것도 그래요. 요즘 젊은 사람들은 노트북 가져다가 열심히 뭔가 하면서 하루종일 앉아 있기도 하던데, 나야 뭐 그럴 일도 없고……. 아무튼 혼자 앉아 있기가 어색해서 커피 한 잔 마시고 그냥 나와버려요."

"그래도 카페에 혼자 앉아 있는 것쯤이야 그리 어렵지 않잖아요?"

그러자 J씨가 대답했다.

"근데 그렇지가 않더라고요. 아무튼 우리 남자들은 혼자 뭘 하는 훈련이 안 돼 있어서요."

J씨는 은퇴 후 몇 달간 이런저런 시도를 해보았지만 결국 집에서 혼자 점심 먹는 게 낫겠다는 결론에 도달했다고 한다.

"요리를 좀 하시는 모양이죠?"

내 질문에, 그는 화들짝 놀라는 표정을 지으며 손까지 내저었다.

"요리요? 요리를 못하는 게 문제가 아니고…… 아예 밥을 못해요."

그러면서 J씨는 어느 날 아내가 시장 좀 봐달라고 부탁하기에(사실은 명령이었지만) 대형마트에 가서 시장 본 얘기를 했다.

"대형마트에 혼자 시장 보러 간 날, 어찌나 막막하던지……. 내가 이 정도로 무능한 사람인가, 라는 자괴감까지 들었다니까요."

"자괴감씩이나? 왜요?"

"우유만 해도 저지방 우유가 좋은지 고칼슘 우유가 좋은지, 도무지 알 수가 없고, 두부도 엄청 종류가 많은데 뭘 사야 할지 도대체 모르겠더라고요. 하필이면 그날따라 집사람이 달래를 사오라고 했는데 달래가 뭔지, 어디에 있는지 알 수가 있어야죠. 이리저리 헤매는데 그야말로 진땀을 뺐어요."

그날 J씨는 혼자 중얼거렸다고 한다.

'내가 이래 봬도 직장 다니면서 혼자 외국 출장도 많이 다니던 사

람인데, 시장 하나 못 보다니……. 혹시 앞으로 혼자 살아야 하는 처지라도 된다면 어떻게 하지?'

그날 이후로 J씨는 혼자서도 살 수 있는 능력을 키워야겠다고 다짐했고, 요즘엔 일주일에 서너 번은 혼자 점심을 차려먹는다고 했다.

"이젠 혼자 밥 먹는 일에 익숙해지셨겠네요?"

J씨는 고개를 흔들었다.

"혼자 밥 먹을 때, 황지우의 시가 생각나요. 이런 구절 아세요? '나이든 남자가 혼자 밥 먹을 때 울컥, 하고 올라오는 것이 있다.' 갑자기 그 구절이 생각나면서 그야말로 울컥, 하죠."

"아, 예."

내가 웃으며 대답하자, J씨가 덧붙였다.

"내 친구 중에는, '먹방'을 보면서 밥 먹는다는 친구도 있어요."

"아, 먹방이요? 설마……?"

자취하는 젊은이들이 '먹방' 보며 밥 먹는다는 애기를 들은 적은 있지만, 50대의 은퇴남이 먹방 보면서 밥 먹는다는 건 처음 듣는 얘기였다.

J씨가 말했다.

"정말이라니까요. 그 친구 말이 먹방 보면 외롭지 않다고 하더군요. 누구랑 같이 밥 먹는 느낌을 가질 수 있다나 뭐라나……."

이날 J씨와의 인터뷰는 2시간 넘게 계속되었다. J씨의 솔직한 성격

덕분에 혼자 밥 먹는 일의 어려움과 쓸쓸함에 대해서 많은 얘기를 나눌 수 있었다. 함께 나누는 식탁을 잃어버린 현대인, 파편화된 개인들이 외로움을 달래기 위해 '먹방'이라는 '인터넷 식탁'에 둘러앉아 깨알 같은 위안을 받는 것에 대해서 말이다. 특히 혼자 밥 먹는 걸 힘들어하는 남자들일수록 생존을 위해 꼭 필요한 일을 하는 능력, 혼자서 즐기는 능력, 한마디로 '일상생활의 기술'이 부족해서 걱정이라는 이야기도 나누었다.

혼자서도 잘살 수 있는 준비가 필요한 시대

통계청에 따르면 2019년 현재 1인 가구는 약 614만 7000가구로, 전체 가구의 30.2퍼센트이며, 2030년이 되면 전체 가구의 3분의 1이 1인 가구가 될 것으로 전망했다. 즉 우리는 너나 할 것 없이 기본적으로 혼자서도 잘 살 수 있는 마음가짐과 준비가 필요한 시대를 살고 있다.

특히 남자들일수록 일상생활의 기술도 갖춰야 하고, '고독사'하지 않을 준비도 해야 한다. 비참한 싱글이 되지 않으려면 일상을 홀로 감당하는 신체적·감정적 능력도 키워야 한다.

오늘부터 당장 혼자 좋은 식당에 가서 밥 먹고, 혼자 영화를 보러 가고, 혼자 카페에 앉아 밖을 내다보는 훈련부터 시작하시라. 아니면, 요리를 배워서 친구들을 초대해보시든지.

스물네번째 후회

'도와달라!' 소리치는 법을 배웠더라면

"난 정말…… 헛똑똑이였어요."

어느 날 갑자기 자살을 시도한 은퇴남

P씨(58세)를 만난 건 모 대학의 평생교육원에서였다. P씨는 좋은 직장에서 꽤 높은 자리까지 올랐던 사람이고, 은퇴한 후에도 여전히 현역인 것처럼 활기차 보였다. 아는 것도 많고 이런저런 경험도 많아서 사람들의 스포트라이트를 받고 있었다.

유난히 자기 자랑이 많고, 가족 자랑, 자식 자랑이 심하다는 게 P씨의 흠이라면 흠이었다. 그와 친한 사람들조차 "스트레스 받아서 못살겠다. 제발 자랑 좀 그만해라"라고 노골적으로 면박을 줄 정도였으니까. 하지만 P씨는 이런 면박에도 굴하지 않고, 자신을 욕하고 비난하는 사람을 노골적으로 무시했다. 그 때문에 평생교육원에 나오지 않는 사람까지 생길 정도였다.

이렇게 지나칠 정도로 존재감이 강하고 독선적인 성격임에도 불구하고 P씨 주변에는 항상 사람들로 들끓었다. 워낙 똑똑하고 옳은 소리 잘하고, 또 유머 감각도 풍부해 재미있었기 때문이다.

그런 P씨가 어느 날 갑자기 자살을 시도했다. 사람들이 받은 충격은 엄청났다. 얼마 전부터 허리가 아프다는 소리를 했던 것 외에는 특별한 사건이 있었던 것도 아니다. 다행히 일찍 발견되었기 때문에 생명에는 지장이 없었다. 사람들은 모두 한마디씩 했다.

"그렇게 잘나고 행복한 사람이 왜 그런 짓을 저질렀을까?"

그 후, 많은 사실이 알려졌다. 그동안 P씨가 매우 힘든 상황에 처해 있었다는 게 고스란히 드러난 것이다. 자녀들 때문에 그동안 모아둔 돈을 다 날려버렸고, 그래서 자녀들과의 갈등이 심한 상태였다. 무엇보다 놀라운 건 아내가 반신불수로 병원에 입원해 있었고, P씨가 아내의 간병을 도맡아하고 있었다는 사실이다. 한마디로 P씨는 명랑해 보이는 겉모습과는 달리 몹시 우울한 상태였던 것이다. 게다가 본인의 허리까지 아프기 시작하고 건강에 대한 자신감마저 없어지자 그만 자살을 선택하고 만 것이었다.

심각한 건, 남자들 중에 P씨 같은 사람이 꽤 많다는 사실이다. 남자들은 자신의 어려움을 솔직하게 털어놓지 않는다. 힘든 일이 있으면 눈물을 흘리면서 고통을 호소하는 여자들과는 달라도 너무 다르다. 게다가 남자들은 지나치게 남을 의식한다. 잘나가던 사람일수록 더 심하다. P씨처럼 좋은 학력과 직업 경력을 가진 사람, 타인의 박수갈채에 익숙한 사람일수록 더 남을 의식하며, 그러다보니 솔직할 수가 없는 것이다.

난 정말 헛똑똑이였어요

자살 사건 이후 몇 달이 지난 후에 만난 P씨는 한결 편안해 보였다. 내가 먼저 조심스럽게 말을 꺼냈다.

"많이 힘드셨죠? 그래도 얼굴이 많이 좋아지셨네요."

"예. 처음엔 창피해서 어떻게 얼굴을 들고 다니나, 그때 그냥 죽어 버렸으면 좋았을 걸 하는 생각을 많이 했지요. 그런데 요즘엔 마음이 편해졌어요."

"예. 정말 다행이에요."

잠깐 동안의 침묵이 흐른 후에 P씨가 말했다.

"사실 그동안 나도 나 자신이 싫었어요. 직장 다닐 때부터 오랫동안 그렇게 살아왔거든요. 솔직하지 못하고 항상 남들의 이목을 신경쓰며 전전긍긍하면서 행복한 척, 잘나가는 척, 그렇게 살아왔죠."

"……."

"내가 변해야 한다는 건 알았지만 그마저도 모르는 척하고 싶었죠."

그의 말은 계속되었다.

"한마디로 나 자신을 속이고 살아온 셈이죠."

"아, 예……."

"그런데, 이제는 더이상 속일 것도 없으니까 차라리 마음이 편하네요. 게다가 그런 일이 있고 나서 전보다 더 따뜻하게 대해주는 사람들을 만날 때마다……, 어떻게 대해야 할지……."

P씨는 감정이 복받치는 듯 한참 동안 말을 잇지 못했다.

"난 정말…… 헛똑똑이였어요."

남자들이 솔직하지 못한 이유

남자들이 솔직하지 못하고 유난히 남을 의식하는 이유는 무엇일까? 짚이는 게 전혀 없는 건 아니다. 내가 아직 30대 초반이었을 때, 친구로부터 들은 이야기가 떠올랐다. 친구는 일하면서 힘든 점을 남자 선배에게 울면서 하소연했다. 가만히 듣고 있던 선배가 입을 열었다. 아수 냉정한 표정으로.

"힘들다고 울지 마라. 그 사람들이 앞에서는 너를 위로하는 척하겠지만 돌아서면 너를 밟을 구실이 된다. 세상이란 그런 거야. 그러니까 힘들면 너 혼자 울어. 이 세상은 동물의 왕국 같은 거야."

물론 지금은 나도 잘 알고 있다. 남들 앞에서 약한 모습을 보여서는 안 된다고 생각하는 건 '경쟁'의 전쟁터에서 살아남는 동안 익히고 체화한 일종의 생존 전략이라는 것을. 약한 모습 보였다가 손해를 본 뼈아픈 경험 몇 개쯤을 누구나 갖고 있다는 것을.

문제는 남자들이 일터라는 전쟁터를 떠난 후에도 오래된 방어의식을 버리지 못한다는 점이다. 노인복지 현장에서 일하는 사회복지사들이 공통적으로 지적하는 사실이 있다. 그건 남자가 여자보다 훨씬 더 '취약하다'는 점이다. 겉으로는 남자 노인들이 목소리도 크고 강해 보이지만, 실제로는 조그만 불행에도 어쩔 줄 몰라 하고 한마디로 모든 종류의 위기에 취약하다는 것이다.

예를 들면, 양말을 짝짝이로 신고 복지관에 나오는 등 뭔가 좀 이

7 4

상해 보이는 남자 어르신에게 '무슨 일 있으신가?'라고 물으면 끝까지 '아무 일 없다'고 대답하는데, 나중에 알고 보면 집안에 무슨 큰일이 있거나 누가 아파 누워 있거나, 심각한 문제가 있는 경우가 많다는 것이다.

우리나라 남자 노인들의 자살률이 OECD 국가 중에서 가장 높은 것도 이와 무관하지 않을 것이다. 여자의 경우 25~34세 연령층에서 높아지는 경향을 보이고 이후 연령층에서는 낮은 비율을 유지하다가 65세 이후에 서서히 증가하는 반면, 남자는 연령이 높아질수록 서서히 증가하다가 70세 이후 매우 급격한 증가율을 보이고 있다. 그래서 전문가들은 노인 자살률을 낮추기 위해서는 70세 이상 남자의 자살률 증가에 주목하고 이에 대한 원인 파악과 대책 마련이 시급하다고 경고한다.

그뿐인가. 여러분도 모두 기억할 것이다. 명문대학 나오고 대기업에서 근무했던 70대 초반의 남자 어르신이 치매 아내를 혼자 돌보다가 아내를 살해하고 자신도 자살을 기도한 사건 말이다. 그 비슷한 시기에 또다른 70대 어르신이 장애를 가진 손자가 점점 자라면서 자신의 딸을 힘들게 할 것을 걱정한 나머지 손자를 살해하고 스스로 목숨을 끊은 충격적인 사건도 있었다.

이들은 하나같이 책임감이 강했을 뿐 아니라 아내에게, 가족에게 '순정'을 다 바치려고 했던 '남자다운' 남자들이었다. 하지만 이들의 순정은 위험하고도 어리석은 것이었다. 이들은 도움을 받아야 할 때 도와달라고 말하지 못하고, 심지어 누가 도와준다고 해도 '내가 끝까지 책임지겠다'며 과도한 책임감을 보였던, 그래서 인생의 말년에 아내나 손자를 살해하고 만 비극의 주인공이 되고 말았다.

힘들면 도와달라고 말하자

서로에게 진실을 얘기하지 않는 남자들에게 말하고 싶다. 자기 자신보다는 타인의 주파수에 맞추어 살아가는 남자들, 제발 잘나가는 척, 힘들어도 힘들지 않은 척하지 마시라. 너무 징징대는 것도 안 좋지만, 너무 행복한 척하는 것도 좋지 않다.

남들한테 지지 않고 남들한테 잘 보이는 것보다 더 중요한 건 온전한 자기 자신이 되는 일이 아닐까? 게다가 우리 인간은 남과 경쟁할 때보다 서로 연결될 때 더 강해지고 발전한다. 솔직하게 나를 드러낼 때 개인적으로도 더 성장할 수 있다.

힘들면 '도와달라'고 말하라. 도와달라고 외칠 수 있는 '용기'를 가지라. 힘들면서도 도와달라고 말하지 않는 것은 당신을 돕고 싶어하는 많은 사람에게 평생 지우지 못할 고통과 죄책감을 주는 일이다.

언제 어디서나, 당신을 돕고 싶어하는 사람들이 생각보다 많다는 사실을 기억하라.

스물다섯번째 후회

돈, '유비무환'을 좀더 진지하게 생각했더라면

"지금 3, 40대는 달라져야 한다고 봅니다.
앞으로는 적은 돈이라도 오래 버는 게 중요해요.
어떻게 하면 오래 일하면서 오래 벌 수 있을까를 궁리해야겠죠.
그러려면 한 우물만 팔 게 아니라 이 일 저 일 옮겨가며
여러 우물을 파야 해요."

크레바스를 피하고 싶은가? 자신에게 투자하라

솔직히, '돈'에 관한 얘기는 많이 하고 싶지 않았다. 돈이 중요하지 않아서가 아니다. 오히려 반대였다. '지긋지긋하도록 가혹한' 게 돈이 아닌가. 돈에 관한 한 전문지식도 능력도 없는 나로서는 돈 걱정을 하는 은퇴자들과 무슨 얘기를 나눠야 할지 '막막함'과 '무력감'만 느낄 뿐이었다.

그 와중에 R씨(54세)를 만난 건 그나마 다행이었다. 모 경제연구소에 근무했다는 R씨는 본인의 고민뿐 아니라 베이비붐 세대가 처한 문제, 더 나아가서 지금의 3, 40대가 대비해야 할 점에 대해 해박한 지식과 처방을 가지고 있었기 때문이다. 빙하가 갈라져서 생긴 좁고 깊은 틈을 의미하는 '크레바스crevasse'라는 단어가 은퇴자의 소득 공백을 설명하는 데 쓰이고 있다는 사실도 그를 통해 알게 되었다.

'국민연금의 혜택을 전혀 받을 수 없었던 이전 세대에 비하면 베이비붐 세대는 그래도 나은 편 아닌가?'라는 나의 질문에 대해 R씨는 이렇게 대답한다.

"'은퇴 크레바스'가 제일 걱정이죠."

R씨의 설명은 이어졌다.

"제가 지금 쉰넷인데요. 국민연금을 받기 시작하는 61세까지의 7년 넘는 기간이 바로 '은퇴 크레바스'죠. 생각만 해도 아찔해요. 작년

한 해 동안의 제 생활비를 계산해보니까 4000만 원 정도 썼더라고요. 씀씀이를 줄인다 해도 한계가 있지 않겠어요? 더 걱정인 건 목돈이죠. 자식들 결혼시키는 데 최소 1억 이상은 들 거고, 그사이에 혹시 부모님 병원비라도 물어야 한다면? ……, 완전 파산하는 거죠."

여기까지만 해도 충분히 심각한데, R씨는 더 심각한 얘기를 꺼내놓았다.

"그래도 지금의 3, 40대에 비하면 우리 세대는 나은 편이에요. 집이라도 하나 건졌으니까 주택연금에라도 들 수 있잖아요. 3, 40대는 전셋값까지 고민해야 하는 처지니까 훨씬 더 심각하죠. 고도성장의 그림자를 고스란히 떠안은 세대라고나 할까요? 점점 더 살기 힘들어질 것 같아요."

"그렇다면 3, 40대는 어떤 준비를 해야 하나요?" 나의 질문에 대해 R씨가 대답했다.

"무엇보다 은퇴 크레바스를 피해야겠죠. 우리 세대는 그런 대비를 할 수 없었지만, 지금의 3, 40대는 지금부터라도 미리미리 준비해야 할 겁니다."

맞는 말이다. 하지만 어떻게? 은퇴 크레바스라는 게 정년이 너무 빠른 우리 사회의 구조적 문제라면, 개인 차원에서 어떻게 크레바스를 피할 수 있을까? 내 의문에 대해 R씨가 대답했다.

"그러니까 생각 자체를 바꿔야죠. 사실 우리는 단기간에 10억을 모

volterracasa.it

아야 한다는 부담감을 가졌던 세대였어요. 한마디로 짧게 일하고 많이 벌고 싶어했죠. 하지만 지금 3, 40대는 달라져야 한다고 봅니다. 앞으로는 적은 돈이라도 오래 버는 게 중요해요. 어떻게 하면 오래 일하면서 오래 벌 수 있을까를 궁리해야겠죠. 그러려면 한 우물만 팔 게 아니라 이 일 저 일 옮겨가며 여러 우물을 파야 해요."

나는 또 의문이 들었다.

"오래 일하고 싶어하는 건 베이비붐 세대도 마찬가지 아닌가요? 그런데도 실제로 오래 일하는 사람은 드문 게 현실이고요."

R씨가 대답했다.

"아, 물론 재취업이 힘든 우리나라 시스템도 문제는 문제지요. 하지만 개인적 차원의 준비도 중요해요. 오래 일하려면 자신에 대한 투자가 필수적인데, 베이비붐 세대는 솔직히 그러지 못했거든요. 자식한테만 지나치게 투자했고요. 시키는 일 하면서 회사에 충성했고, 설마 회사가 나를 내쫓을까, 하는 막연한 환상을 가졌죠……. 지금 3, 40대는 자식보다 자신에게 먼저 투자해야 할 거예요."

그는 한마디 더 덧붙였다.

"요즘엔 운동선수들도 전성기 지나서 연봉 깎여도, 후배 '백업'해주는 일도 마다하지 않고 일하잖아요? 마찬가지죠. 비정규직이든 뭐든 가리지 않고, 정년 없이 할 수 있는 일이 있어야 해요. '준準전문성'을 갖춘 일을 하는 것도 좋은 방법이죠. 요리 좋아하는 사람이 식당을 차린다든지, 등산 좋아하는 사람이 등산용품점을 차려서 상담도 해 준다든지……."

R씨와 이야기를 나누면서, R씨처럼 돈과 경제에 해박한 지식과 처방을 가지고 있는 사람이라면 모든 걸 잘 준비했을 거라는 생각이 들었다. 하지만 그는 뜻밖의 말을 했다.

"아이들한테 헝그리 정신을 가르쳐주지 못한 것, 저축이나 가계부 쓰기를 훈련시키지 못한 게 제일 후회가 돼요."

저축과 가계부가 '올드'한 단어라고?

나는 솔직히 실망했다. 헝그리 정신? 저축? 가계부? 그런 건 너무 '올드'한 단어 아닌가? 팔십 넘은 우리 부모님들이 자식들 야단칠 때 자주 쓰던 말이 아닌가?

R씨가 대답했다.

"올드하다구요? 너무 다 아는 얘기라는 뜻에서는 그렇게 볼 수도 있겠지요. 그런데 돈이란 게 뭐 새로운 게 아니잖습니까? 돈에 대한 태도도 마찬가지 아닐까요?"

"……."

"사실, 저도 은퇴하기 전에는 100만 원의 가치를 잘 몰랐어요. 솔직히 전에는 '억'자 들어가는 것만 돈인 줄 착각하면서 살았으니까요. 그런데 요즘 제가 청소년단체에서 월 100만 원 조금 넘게 받으면서 일하는데, 일도 일이지만 100만 원의 가치를 새로 깨닫고 있어요."

R씨의 말은 이어졌다.

"그런데 요즘 젊은 사람들 보면 돈 100만 원이 얼마나 대단한 것인지를 모르는 것 같아요. 물론 우리 잘못이죠. 우리는 가난하게 자랐지만 자식한테는 잘해주려고 하다보니, 헝그리 정신이라든가 절약, 저축에 대해 제대로 가르치지 못했으니까요."

R씨가 하려는 말이 무엇인지 이해가 갔다. 작년에 영국여행 중에 만난 한국 대학생들이 "영국 사람들 너무 궁상맞은 거 아닌가요? 선진국인데 지나치게 검소하고…… 건물도 낡고 지저분하고. 서울보다 훨씬 못해요" 하며 불평하는 소리를 들었을 때, 나도 R씨와 비슷한 생각을 했다. 우리가 그동안, 경제성장과 발전이 영원히 계속될 것 같은 착각 속에서 살아오면서 젊은이들을 제대로 가르치지 못했구나, 라고 반성했다. 반면 영국처럼 우리가 소위 선진국이라고 알고 있는 나라의 국민들이 검소하고 겸손한 이유. 그건 바로 실패와 쇠퇴를 뼛속 깊이 경험해본 사람들의 특징이라는 생각도 했다.

돈 앞에서 겸손하라

베이비붐 세대의 은퇴 문제를 다루는 각종 매스컴들이 너무 돈 문제를 크게 다루고, 돈이 전부인 양, 돈 없으면 당장 죽을 것 같은 공포 분위기를 조성하는 것에 대한 거부감 때문이었을까, 나는 내가 만난 은퇴자들이 돈에 관해 좀더 멋있는 멘트를 해주기를 은근히 기대했다. 예를 들면 이런 식으로 말이다. '은퇴해보니 돈에 대한 철학이 이렇게 바뀌더라'라거나 혹은 '돈은 생각보다 중요하지 않더라'라고.

하지만 나의 기대는 보기 좋게 빗나갔다. 내가 만난 은퇴자 중에 '돈이 전부는 아니더라' 혹은 '돈만으로는 충분치 않다'고 말하는 사람은 꽤 있었지만, 돈 자체가 중요하지 않다고 말하는 사람은 한 명도 없었다.

이 모든 게 우리 사회의 안전망 부족 문제와 연관된다는 건 사실이다. 연금제도의 역사도 일천하고, 보장 내용도 미흡하다. 내 삶이 추락할 때 나를 받쳐줄 안전망이 튼튼하지 못하므로 은퇴 후의 삶이 공포와 불안으로 다가오는 것이다. 정년을 늦추거나 없애는 방법, 임금피크제 도입 등 사회적 차원의 대책도 시급하다. 적은 돈으로도 백만장자처럼 살 수 있는 '인프라'를 갖춘 복지사회도 필요하다.

하지만 이런 사회가 될 때까지 내 삶을 멈추고 기다릴 수도 없는 일. 그래서 돈은 중요한 그 무엇이다. 우리가 죽을 때까지 돈 앞에서 겸손해야 하는 이유이기도 하다. 오래 일하고 오래 벌라, 저축하라, 라는 선배들의 조언에 귀를 기울여야 하는 이유다.

한혜경 교수의 은퇴 10년 전부터 준비해야 할 것들 4

100세 시대의 마흔은 아직 열정의 청춘이다

평균수명 6, 70세쯤 되던 시대의 삶의 패러다임은 이러했다.

> 교육은 대학 졸업 때까지(20대 중반) 학교에서, 일은 대학 졸업 직후부터 은퇴할 때까지(20대 중반부터 정년까지) 일터에서, 은퇴한 후에는 모든 일에서 해방되어 실컷 여가생활을 즐긴다.

이런 시대의 3, 40대는 경제적으로나 가정적으로 모두 안정감을 누리던 자타공인 '중년'이었다.

하지만 지금은 100세 시대, 삶의 패러다임은 완전히 달라져야 한다. 20여 년이나 공부에 투자한 후에 겨우 2, 30년 일하다가 은퇴 후

30년 이상 길게는 50년을 놀기만 한다는 건 말이 안 되는 소리다. 100세 시대에는 '중년'이 언제인지도 헷갈린다. 최소한 쉰은 넘어야 중년이라고 부를 수 있지 않을까?

사정이 이러하니, 국가 차원의 '인생 다모작지원법'이 만들어져야 한다는 제안도 일리가 있다. 인생의 중간쯤 되는 연령이 되면 국가에서 의무적으로 인생을 재설계할 수 있도록 지원하자는 제안이다. 이웃나라 일본도 '근로전성기의 장기 휴가' 안을 정부 차원에서 논의한 바 있다. 한마디로, 직업 역할은 몸에 익는 한편 가정에 대한 책임이 증가하고 체력이 약해지기 시작하는 40대에 1년 정도의 '긴 휴가'를 가질 수 있도록 국가와 민간이 함께 노력하자는 것이다.

하지만 더 중요한 건 삶을 바라보는 인식의 변화가 아닐까. 삶의 패러다임을 바꾸려는 개인 차원의 노력도 필요하다. 무엇보다도 일, 교육, 여가의 시간과 공간을 지금처럼 경직되게, 부자연스럽게 구분하지 말아야 한다. 일, 교육, 여가를 통합하는 균형적인 삶을 살아야 하는 것이다.

교육을 대학 졸업 때까지로 한정하지 말라. 평생 배울 수 있고 또 배워야 한다. 필요할 땐 언제라도 학교로, 평생교육기관으로 달려가라. 혹은 북유럽식의 자발적 소규모 공부모임Study Circle도 필요하다.

일도 마찬가지. 당신이 평생 한 가지 일만 하며 살 수 있다면, 혹시 그런 일을 찾았다면, 당신은 행복한 사람이다. 하지만 그럴 수 없다면,

당신은 여러 가지 다양한 일을 찾아야 하고, 여러 우물을 파야 한다. 적은 돈이라도 계속 벌 수 있으려면 '준전문성'을 갖춘 분야 몇 개쯤은 준비해놓아야 한다.

일과 여가를 이분법적으로 구분하지 말라. 일하는 틈틈이 즐기려고 노력하라. 자신이 좋아하는 놀이를 통해 나만의 일을 찾고, 오래 쓸 수 있는 명함도 만들어보라.

한마디로 100세 시대에는 배우면서 일하고, 일하면서 배우고, 일하면서 놀고, 놀면서 일하고, 놀면서 배우고, 배우면서 놀고……. 이 모든 것을 내 삶에서 유연하게 섞을 줄 알고, 필요에 따라 적재적소에서 발현할 수 있어야 한다.

이런 세상에서 마흔은 '불혹'하기에는 너무 젊은 나이가 아닐 수 없다. 마흔은 '창조성'과 '열정', '꿈'을 필요로 하는 나이다. 감수성과 도전의식도 필요하다. 너무 일찍 성공하고, 대박 치려고 하지 마라. 너무 일찍 성공해서 조로早老한 중년으로 오래 사는 건 재미없는 일이다. 흥미진진한 삶을 위해 도전하라.

혼자 사는 즐거움, 함께 사는 행복을 기억하라

우리는 그동안 고독할 틈조차 없는 그런 시대를 살아왔다. 압축적인 근대화와 경제성장이 이루어지고 경쟁이 심한 사회에서 '고독'이란 철학책에나 나오는 단어였고, 나와는 상관없는 먼 얘기였다.

하지만 100세 시대란 너나 할 것 없이 고독과 친해져야 하는 시대다. 즉 혼자임을 견딜 줄 아는 능력이 필요하며, 혼자서도 즐겁게 잘 살 수 있는 기술을 터득해야 하는 시대다. 당신도 '1인 가구'의 주인공이 될 수 있다. '먹방' 보며 혼자 밥 먹지 않으려면 '일상생활의 기술'을 익혀야 한다.

동시에, '더불어 함께 사는 기술'도 갖춰야 한다. 우리 인간은 남과 경쟁할 때보다 서로 연결될 때 더 강해지고 발전한다. 서로 돕는 행위를 통해서 자기 유용성을 확인하고, 자아성장의 기회를 가지며, 자신의 존재감을 확인할 수 있다. 관계의 소중함을 알고 가꿔나가라. 거의 매일 만날 수 있는 친구 세 명은 필수다. 관심과 흥미가 같은, 다양한 연령대의 친구를 만들라. 이 세상에는 어느 곳에선가 늘 울고 싶은 사람들이 있다는 것을 기억하라. 이왕이면 남에게, 후배에게 희망을 주는 말 한마디를 건네는 그런 사람이 돼라. 대신, 당신 자신도 도움받아야 할 때가 있다는 것을 인정하라. 힘들어도 힘들지 않은 척, 잘나가는 척하지 마시라. 힘들면 '도와달라'고 소리치라. 이 세상에는 당신을 돕고 싶어하는 사람들이 의외로 많다는 것을 기억하라.

노후에 돈에 관한 후회를 하지 않으려면?

윤치선(미래에셋투자와연금센터 연구위원)

투자 및 연금과 관련된 현장에서 일하는 사람으로서 최근 들어 3, 40대 중에도 노후자금에 대한 관심이 높고 열심히 공부하여 투자하는 사람들이 부쩍 늘고 있다는 걸 실감하는 중이다. 하지만 다른 한편에서는 노후가 아직 먼 미래라고 생각하며 노후자금에 대해 적극적으로 고민하거나 준비하지 않는 사람도 여전히 많은 것 같다.

노후에 돈 걱정을 하지 않으려면 미리미리 대비해야 한다는 사실을 모르는 사람은 없을 것이다. 안정적으로 노후자금을 마련하기 위해서는 일정한 '시간'이 필요한 것도 사실이다. 간단한 예를 들어보자. 현재 50세인 사람이 2%의 수익률로 60세 시점에 1억 원을 마련하려면 매달 75만 원을 저축해야 한다. 결코 적지 않은 금액이다. 그러나 40세인 사람이라면 같은 조건에서 월 34만 원을 저축해도 20년 뒤

1억 원을 마련할 수 있으며, 30세라면 월 20만 원씩만 저축하면 된다. 빠르게 준비할수록 더 쉽게 노후자금을 마련할 수 있는 것이다.

하지만 빨리 준비하는 것만으로는 충분치 않다. 자신에게 맞는 전략도 필요하다. 어떤 종류의 자산으로 얼마나 준비해야 하는지에 대한 지식과 기술도 필요하다. 이 글에서는 노후가 얼마 남지 않은 50대의 사례를 통해 지금의 3, 40대가 무엇을 배울 수 있을 것인가에 관해 이야기하려고 한다. 타산지석으로 삼기 위해서다.

이를 위해 '미래에셋투자와연금센터'가 2019년 12월 전국 시도 지역 거주하는 50~59세의 남녀 직장인 1960명을 대상으로 조사한 결과를 살펴보자. 이 조사에 의하면, 50대 응답자가 스스로 평가한 재무적 은퇴준비지수는 100점 만점에 54.4점인 것으로 나타났다. 50대들이 전반적으로 자신의 노후자금 마련 상태에 대해 '부족하다'고 생각한다는 의미이다.

50대들이 노후자금 준비에서 중요하게 생각하는 것은 연금이었다. 이들은 노후생활비의 62.7%를 종신연금 형태로 확보하고 싶어했다. 이를 위해 사적연금에 가입한 사람들도 많은 것으로 나타났다. 50대 직장인 가계 4가구 중 3가구(76%)는 사적연금을 보유하고 있으며, 사적연금 보유 가구의 80%는 향후 사적연금을 연금 형태로 수령할 계획이라고 응답했다.

그러나 연금에 대한 인식과 현실 사이에는 괴리가 있었다. 50대 직장인의 39%는 국민연금 예상 수령액을 정확하게 알지 못했으며, 과반(52.1%)은 자신의 사적연금 적립액이 얼마인지 모른다고 답했다. 또한 본인이 적립한 연금자산에 비해 터무니없이 많은 연금액을 받기를 기대하는 등 인출계획이 잘못된 경우도 많았다. 퇴직연금을 연금 형태로 받고자 하는 경우 평균적으로 20년 동안 월 133만 원씩을 연금으로 받기를 희망했는데, 실제로 이 정도의 연금을 받으려면 현재 보유한 평균 퇴직연금 적립액 6104만 원의 약 3.4배에 해당하는 2억 800만 원이 필요하다.

또한 50대의 자산운용 방식의 특징은 '안전 지향'이었다. 개인의 기대수익률과 위험감수 성향에 따라 투자 성향을 '안정형-안정추구형-위험중립형-적극투자형-공격형' 5단계로 나누었을 때, 50대 직장인 중 79.2%는 '안정추구형 및 안정형'인 것으로 나타났다. 즉 5명 중 4명은 은행예금이나 국채와 같이 투자 원금을 잃을 확률이 매우 낮은 자산에만 투자하고 있다는 것을 보여준다.

그렇다면 위와 같은 설문조사 결과가 3, 40대에게 시사하는 바는 무엇일까? 이 글에서는 세 가지 정도의 큰 시사점을 제시하여 3, 40대가 노후자금을 계획하고 마련하는 데 실질적인 도움을 주고자 한다.

자신의 노후자금 현황에 대해 정확하게 파악하고 진단하라

앞의 설문조사에서 50대들은 자신의 국민연금 수령액과 사적연금 적립액조차 정확하게 알지 못하는 경우가 상당히 많았다. 이런 상황에서는 제대로 된 노후자금 마련 전략을 세울 수 없다. 구체적으로 현재 내가 준비한 노후자금이 얼마이고, 그것을 통해 얼마만큼의 노후생활비를 충당할 수 있는지에 대해 정확하게 알아야 한다. 그래야 부족한 자금이 얼마이고, 그것을 마련하기 위해 어떤 전략이 필요한지 생각할 수 있기 때문이다.

이를 위해 먼저 알아봐야 할 것은 국민연금 등 공적연금을 통해 지급받을 수 있는 자금이 얼마인가 하는 점이다. 공적연금은 사망시까지 지급되고, 물가 상승에 따라 지급액이 늘어나는 특성이 있어서 기초적인 노후생활비를 충당하기에 가장 효율성이 높은 대안이다. 그러나 현실적으로는 일부 공무원을 제외하면 공적연금만으로 노후생활비를 충당할 수 있는 사람이 많지 않기 때문에 퇴직연금, 연금저축, 연금보험 등을 활용하여 부족한 노후생활비를 보충하는 게 일반적이다. 따라서 퇴직연금을 포함한 사적연금에 관한 내용도 확인해야 한다.

공적연금은 해당 연금 홈페이지에서, 사적연금은 가입한 금융회사의 홈페이지에서 세부 사항을 조회할 수 있다. 본인이 어디에서 어떤 연금에 가입했는지 정확하게 모르는 경우에는 금융감독원의 통합연금포털(https://100lifeplan.fss.or.kr)을 활용하는 것도 좋은 방법이다. 통합연금포털은 금융위원회와 금융감독원이 함께 개발한 사이트로 공적연금뿐 아니라 여러 금융회사에 가입한 퇴직연금과 개인연금 정보까지 한꺼번에 확인할 수 있다. 적립금, 연 납입금, 가입시 선택한 연금 개시 시점, 지급 기간 등의 정보와 함께 해당 상품을 판매한 금융회사의 담당자 연락처도 확인할 수 있다.

원하는 노후생활비를 충당할 수 있는 적절한 연금 포트폴리오를 준비하라

만약에 자신이 받고 싶은 연금액에 미달하는 연금자산을 보유한 상태라면 노후에 생활 수준을 낮추거나 다른 소득원을 찾을 수밖에 없다. 둘 다 쉬운 방법은 아니다. 따라서 아직 시간이 있을 때 부족한 부분을 보완해놓아야 한다. 이를 위해서는 우선 자신에게 필요한 노후생활비가 얼마인지 생각해봐야 한다. 국민연금연구원의 2017년 국민노후보장패널조사에 따르면 노후에 필요한 평균 월 최소생활비는 부부 기준 174만 원, 개인 기준 104만 원으로 나타났다. 물론 나이가 많아질수록, 도심이 아니라 교외지역에 거주할수록 최소생활비는 줄어든다. 최소생활비 이상으로 필요한 자금이 얼마일지는 사람마다 다르므로 자신의 상황에 맞게 더해주면 된다.

노후생활비를 채워줄 연금자산으로 가장 먼저 고려할 대상은 앞에서도 말한 바와 같이, 국민연금 등의 공적연금이지만, 공적연금의 종류, 납입 기간, 납입 방법에 따라 부족한 부분이 발생할 수 있으므로 이 차액은 다른 연금자산을 통해 조달해야 한다.

공적연금으로 부족한 부분은 금융회사에서 판매하는 사적연금으로 보완하는 것이 좋다. 사적연금의 종류는 크게 4개 정도로 퇴직연금(DB 및 DC), IRP(개인형퇴직연금), 연금저축, 일반 연금보험 등이다. 각각의 상품마다 특징이 있으므로 자신에게 알맞은 상품을 선정하면 된다. 예를 들어 연금저축과 IRP는 가입자가 납입한 금액에 대해 연말정산시 두 상품을 합쳐 700만 원까지, 연금저축 단독으로는 400만 원까지 13.2%(종합소득금액 4000만 원 혹은 총 급여액 5500만 원 이하인 경우 16.5%)의 세액 공제를 받을 수 있으므로 절세 효과가 뛰어나다. 그 대신 나중에 연금을 받을 때는 소액의 연금소득세(3.3~5.5%)를 납부해야 한다. 일반 연금보험은 법에서 정하는 요건을 만족할 경우 보험 차익에 대해서 비과세 혜택을 받을 수 있다.

자신이 살고 있는 집을 통해 주택연금을 받는 방법도 고려해볼 만하다. 주택연금은 살던 주택에 살면서 주택을 담보로 받는 연금으로, 주택금융공사가 보증하기 때문에 사망할 때까지 안정적으로 매월의 현금 흐름을 확보할 수 있다. 2020년 4월 기준으로 볼 때 시가 5억 원의 집을 가지고 있는 사람이 종신 지급방식으로 주택연금을 신청한다면 매월 약 104만 원 정도의 금액을 수령할 수 있다. 다만 국민연금처럼 물가 상승에 맞춰 지급액이 늘어나지는 않는다는 점은 염두에 두어야 한다. 주택 소유자나 배우자 중 한 사람이 만 55세 이상이고, 공시가격 9억 원 이하의 주택을 소유하고 있으면 주택연금에 가입할 수 있다.

초저금리 시대에 적합한 자산운용 방법을 찾아라

현재 한국의 1년 만기 정기예금 평균금리는 1% 정도에 불과하다. 저성장과 정부재정 악화, 코로나19 사태 등을 감안하면 앞으로도 당분간 초저금리가 이어질 가능성이 높다. 이런 상황에서 지금의 50대처럼 안전지향적인 자산운용 전략만을 고수한다면 충분한 노후자금을 마련하기가 어려울 것이다. 예를 들어보자. 은퇴까지 20년이 남은 40세 근로자가 월 30만 원씩 연 1%의 복리 수익률로 투자한다면 은퇴 시점에 얼마의 돈을 모을 수 있을까? 답은 7963만 원이다. 그러나 노후자금의 운용수익률이 연 3%인 금융 상품을 이용하면 9806만 원, 5%라면 1억 2174만 원을 모을 수 있다. 상당히 큰 차이가 발생하는 것이다.

물론 노후자금의 운용수익률을 올리기가 쉬운 것은 아니다. 포트폴리오에서 주식형 펀드 등 투자자산의 비중을 높여야만 이 문제를 해결할 수 있는데, 투자자산은 단기적으로 마이너스 수익률을 기록할 수 있는 위험이 있기 때문이다. 그렇다면 연금 가입자인 당신은 이 문제를 어떻게 바라봐야 할까? 먼저 생각해봐야 하는 것은 '투자 지구력', 다시 말해 투자를 유지할 수 있는 기간이 얼마나 되는가 하는 점이다. 주식의 투자 위험 수위를 결정하는 데 투자 지구력이 중요한 역할을 하기 때문이다. 미국의 대표적인 주가지수인 S&P500지수에 장기투자했을 경우를 생각해보자. 이 지수를 정확하게 추종하는 펀드를 1950~2017년에 걸쳐 보유했다면, 평균적으로 약 10%에 달하는 꽤 좋은 수익률을 올렸을 것이다. 그러나 수익률은 연도에 따라 매우 다르다. 어느 해에는 52%를 넘어서기도 했던 반면 또 어느 해에는 -37%를 기록하기도 했다. 특정 연도에 어느 정도의 수익률을 올릴 것인지를 정확히 예측하기는 힘든 일이다. 만약 내년에 현금이 필요한 투자자라면 주식보다는 1년 만기 예금이나 국채에 투자하는 게 더 나은 선택일 것이다. 그러나 장기간 투자할 수 있다면 이야기는 달라진다. 5년만 투자해도 수익률의 변동폭은 확연하게 줄어들기 때문이다. 20년에 걸쳐 투자할 수 있다면 당신은 평균 10%를 살짝 상회하는 수익률을 달성할 수 있으며, 설령 최악의 수익률이 지속된 20년을 선택한 경우라도 약 6.5%의 수익률 정도는 보장받을 수 있는 것이다.

투자자산을 분산하는 전략도 중요하다. 한 국가의 한 종류의 자산에만 집중투자할 경우 투자 위험은 커질 수 있다. 그러나 다양한 국가의 다양한 자산에 분산 투자한다면 투자 위험은 더욱 줄어들 것이다.

돈 걱정하지 않아도 되는 노후를 보내고 싶다는 건 100세 시대를 사는 모든 이의 바람일 것이다. 그런 노후를 준비하기 위해서 하루빨리 자신의 노후자금 현황에 대해 정확하게 파악하고 준비할 필요가 있다. 이 글에서는 자신이 국민연금 등을 통해 지급받을 수 있는 자금이 얼마인지 하루라도 빨리 파악할 것, 부족한 생활비를 보충할 수 있는 공적연금, 사적연금, 주택연금 등의 연금자산을 미리미리 준비할 것, 노후자금의 운용수익률을 높이기 위한 방법을 고민하여 초저금리 시대에 대응할 것을 제안했다.

부디 이 글을 읽는 3, 40대 독자들이 이상의 세 가지 전략을 하루빨리 실천함으로써 돈 걱정 없는, 풍요로운 100세 시대를 향유할 수 있기를 희망해본다.

Bravo! Your Second Acts!

프롤로그

- 필자는 한국연구재단의 연구비 지원을 통해 〈조기퇴직자의 생활적응 지원체계 구축을 위한 일상생활 조사연구〉(2001년), 〈베이비붐 세대의 대규모 은퇴로 인한 복지욕구와 지원체계 연구〉(2010년)를 수행했다.
- 내용분석contents analysis이란 심층면접으로 얻어진 질적 자료를 통해서 인터뷰의 초점이 되는 특정 주제에 관한 의미와 특징을 탐색하는 연구 방법으로서 면접에서 표현된 모든 경험과 사고, 감정을 분석 대상으로 한다. 특히 필자는 비구조화된 응답 내용을 포괄적으로 기술한 후에 특정한 준거나 관점에 근거하여 체계적으로 분류하거나 재해석함으로써 어떤 결론을 추론하는 웨버Weber의 내용분석법을 사용했다. R. P. Weber, *Basic Content Analysis* (Thousand Oaks, CA: Sage, 1990) 참조.

1부 정말 일밖에 몰랐구나

- 일본의 근로전성기 장기 휴가 제안에 관한 자세한 내용은 한국보건사회연구원, 〈보건·복지 Issues & Focus〉, 제88호(2011.05.27.) 참조.
- 이해욱, 김성심 부부의 여행 얘기는 『세계는 한 권의 책: 나는 그 책을 끝까지 읽고 싶다』(두베, 2011)에 자세히 소개되어 있다.
- 일본에서 100만 부 이상 팔린 정리 관련 책은 곤도 마리에의 『인생이 빛나는 정리의 마법』(더난출판사, 2012)이다.

2부 나 자신을 너무 함부로 대했구나

- 2013년 〈신동아〉의 논픽션 공모에서 최우수상을 받은 르포의 제목은 「男, 혼자 죽는다-무연고사망자 83인의 기록」으로서 노동우 외 5인이 취재하여 작성했다. 자세한 내용은 〈신동아〉, 2013년 11월호에 나와 있다.
- 〈USA투데이〉 2006년 2월 8일자에서는 미국 베이비붐 세대(1946년생~1964년생)의 특징 중 하나로서 이들이 'I세대I Generation'라기보다는 'Me세대Me Generation'라는 점을 지적한 바 있다.
- 칼 로저스Carl Rogers는 인본주의적 심리학을 대표하는 학자로서 78세 때 쓴 이 글은 에릭슨, 스키너, 로저스가 공저한 『노년기의 의미와 즐거움』(학지사, 2000) 중 제7장(노년기의 즐거움)에 자세히 소개되어 있다.

3부 나와 가족의 간격이 이렇게 넓었다니

- 친밀감과 거리감 사이의 세심한 균형이 중요하다고 주장한 책은 헨리 나우웬Henry Nouwen, 『친밀함』(두란노, 2011)이다.

4부 내 남은 인생이 아직도 50년이다

- '던바의 수'는 영국 옥스퍼드대학의 진화인류학자 로빈 던바Robin Dunbar 교수가 *How many friends does one person need?*(Oxford University Press, 1993)라는 책을 통해 발표한 내용이다. 국내에서는 『발칙한 진화론』(21세기북스, 2011)으로 출간됐다.
- 남자 노인의 자살률 증가에 관한 자세한 내용은 한국보건사회연구원, 〈보건·복지 Issues & Focus〉, 제165호(2012. 11. 23.) 참조.
- 미치 앤서니Mitch Anthony도 일, 교육, 여가라는 경직된 구분에서 벗어나서 세 가지를 통합하는 패러다임으로 전환되어야 한다고 주장했다. 『은퇴혁명』(청년정신, 2004) 참조.

은퇴의 말

남자가 은퇴할 때 후회하는 25가지

1쇄 인쇄 2021년 2월 22일
1쇄 발행 2021년 3월 2일

지은이 한혜경 | 펴낸이 신정민

기획 김성수 | 편집 박민영 신정민 | 디자인 이보람 | 모니터링 정소리
마케팅 정민호 김경환 | 홍보 김희숙 김상만 함유지 김현지 이소정 이미희 박지원
저작권 한문숙 김지영 이영은 | 제작 강신은 김동욱 임현식 | 제작처 영신사

펴낸곳 (주)교유당
출판등록 2019년 5월 24일 제406-2019-000052호

주소 10881 경기도 파주시 회동길 210
문의전화 031) 955-8891(마케팅) 031) 955-3583(편집)
팩스 031) 955-8855
전자우편 gyoyudang@munhak.com

ISBN 979-11-91278-20-0 13320